Herausgegeben vom Institut für Angewandte Politische Ökonomie
Wien - Millstatt
Verlag Österreichisches Medienhaus

Europäischer Kontinentalismus

Wo steht Europa
im fragwürdig gewordenen
Transatlantismus?

Algis Klimaitis

2014

Herausgeber:

Institut für Angewandte Politische Ökonomie
Wien & Millstatt
institutfuerangewandtepolitischeoekonomie.bimashofer.eu/

Verlag:
Österreichisches Medienhaus,
Reinhard Bimashofer,
Obermillstatt 213,
9872 Millstatt

www.bimashofer.eu

ISBN: 978-3-9503928-0-7

Meinen Dank richte ich aus an *Patrick Poppel,* der mir in organisatorischer Hinsicht geholfen hat und an *Alexander Basnar,* der die Gestaltung des Buches übernommen hat (Algis Klimaitis).

Inhaltsverzeichnis

Vorwort des Herausgebers

Noch nie in der Geschichte war die Diskrepanz zwischen der Kenntnis und Wahrnehmung politischer Ereignisse und Vorgänge einerseits und ihrer geistigen Erfassung und ihrem Verständnis andererseits so groß wie in der heutigen Zeit. Wir bekommen die Ergebnisse parlamentarischer Wahlen wenige Stunden nach dem Schließen der Wahllokale inklusive Analysen und Stellungnahmen via Bildschirm in unser Wohnzimmer geliefert. Wir sind live Zeugen großer internationaler Konferenzen und Verhandlungen, von Massenveranstaltungen, Demonstrationen und Kundgebungen. Wir schauen dem Krisenreporter über die Schulter, der in spektakulären Szenen von Kriegsschauplätzen, revolutionären Tumulten und Gewaltausbrüchen aller Art berichtet. Und wir dringen mit Kameras und Mikrophonen in die Plenarsäle und Besprechungszimmer der Machteliten, mit Hilfe der „sozialen Medien" jedoch sogar in die Saunarunden und Schlafzimmer von Spitzenpolitikern und anderen wichtigen Entscheidungsträgern und damit in deren psychische Befindlichkeiten und soziale Abhängigkeiten ein.

Wer sich dafür interessiert, kann sich die Details der technischen Daten des Kriegsmaterials an aktuellen Waffengängen oder von rezenten Flugzeugabschüssen verfügbar machen, in Gültigkeit befindliche Verfassungen, Gesetzes- und Vertragswerke sowie Statuten und Reglements von Staaten, Bündnissen, supranationalen Einrichtungen und relevanten Vereinigungen ebenso wie die Verzeichnisse ihrer Amtsträger und Datenmaterialien „herunterladen" oder die Pläne, Agenden und Programme von Gebietskörperschaften, öffentlichen Institutionen und politischen Parteien studieren. Und scheinbar gibt es keine Frage des sozialen, kulturellen und politischen Lebens, sei es auf der lokalen Ebene oder im globalen Maßstab, deren Daten nicht „gegoogelt" oder sonstwie in Sekundenschnelle elektronisch verfügbar gemacht werden können.

Das alles mag die Menschen informiert machen, es macht sie aber nicht kundig. Das liegt an der fundamentalen Divergenz zwischen Information und Wissen. Information ist die ungeordnete Anhäufung von Daten aller Art. Wissen hingegen umfaßt die Fähigkeiten, diese Information in ein geordnetes Sinngefüge einzubetten, kausale und nicht-kausale Zusammenhänge zu erkennen sowie Ordnungen und systemische Ganzheiten zu erkennen und zu verstehen.

Unsere Zeit leidet darunter, daß wir gerade im Hinblick auf politische und gesellschaftliche Fragen von vitalstem Interesse und größter Bedeutung maximale Information und gleichzeitig minimales Wissen besitzen. Dies ist nicht nur erkenntnistheoretisch bedauerlich, sondern auch außerordentlich bedrohlich im Hinblick auf den Bestand und die Qualität des sozialen Zusammenlebens der Menschen, ja sogar für den Erhalt des Zivilisationsniveaus insgesamt.

Im Zuge der sogenannten Ukraine-Rußland-Krise ist dieser schmerzliche Zustand besonders offen und mit größter realpolitischer Konsequenz virulent geworden. Die genannte Krise hatte sich zu Anfang des Jahres 2014 an der Weigerung des damaligen ukrainischen Staatspräsidenten Wiktor Janukowitsch entzündet, das lange verhandelte Assoziationsabkommen zwischen der Ukraine und der Europäischen Union zu unterzeichnen, weil es in der Endfassung in einem wichtigen Punkt von den ursprünglichen Vereinbarungen abwich. Die in der Folge stattfindende Besetzung des „Maidan" in Kiew, die verschiedenen gewalttätigen Auseinandersetzungen und die Beseitigung der Regierung, die Selbsternennung eines demokratisch nicht-legitimierten Übergangskabinetts, die Volksabstimmung auf der Krim und ihr subsequenter Anschluß an Rußland, die massive Involvierung europäischer und amerikanischer Politiker, der großflächige kriegerische Konflikt in der Ostukraine und die „EU-Sanktionen" gegen Rußland sind Ereignisketten, deren welthistorische Dimension mittlerweile allgemein erahnt wird.

Umso mehr drückt der Mangel einer befriedigenden Einordnung und Erklärung der Ereignisse und einer Begründung für die konsequenzenreiche Einbeziehung großer internationaler „Player" und die Inkaufnahme wirtschaftlicher Folgen für die Bevölkerung eines ganzen Kontinentes. Nicht nur der „kleine Zeitungsleser", sondern auch vielfach gewichtige Handlungsträger in Wirtschaft und Politik fragen sich, was hinter diesem Konflikt steht, wem er dient und worauf er hinausläuft. Sie stellen sich die Frage umso drängender, als sie vielfach den Eindruck haben, daß sie hier über eine Angelegenheit von vitalster Bedeutung von den Medien, ebenso wie von den politischen Akteuren nicht objektiv informiert werden.

Der vorliegende Essay-Band von Algis Klimaitis versucht dieses und andere wichtige Großereignisse von kulturrelevanter und geopolitischer Dimension auf der Basis einer Zusammenschau historischer Entwicklungen und politischer Konzepte einzuordnen und verstehbar zu machen. Scheinbar „natürliche" und „alternativenlose" Entwicklungen in Europa und ihr Transport auf der Basis einer „pragmatischen Politik" werden als Ausfluß geostrategischer und hegemonialer Machtinteressen enttarnt, die auf einer fragwürdig gewordenen transatlantischen Allianz fußen. Gleichzeitig stellt der Autor der aus dem Lot geratenen Entwicklung eines kulturell und wirtschaftlich degenerierenden Europa einen, auf dem christlichen Kultur-kondensat basierenden Ordnungsentwurf gegenüber, den er „Kontinenta-lismus" nennt.

In gediegenem und doch allgemein verständlichem Stil zeichnet Algis Klimaitis die Stationen der Europäischen Integration als Wegmarken US-amerikanischer Einflußnahme nach, die es auf dem Weg zur „einen Weltmacht" besonders auch auf die Beseitigung der internationalen oder gar globalen Bedeutung Rußlands abgesehen hat. Schrittweise wurde die Vielfalt und Selbständigkeit der europäischen Nationen einer künstlichen Einheitlichkeit geopfert, deren regulativer Rahmen unter dem Einfluß der USA viel zielsicherer modelliert werden kann als unter Berücksichtigung nationalstaatlicher Besonderheiten (was sich aktuell anhand der Bemühungen um die TTIP, eine „transatlantische Freihandelszone" deutlich zeigt). Der US-globalisierte Wirtschaftsstil, basierend auf Investmentbanken und Schuldenakkumulation, würde deshalb das europäische Wirtschafts-modell des verantworteten und sozial eingebetteten Erwerbsstrebens dominiert und überwunden haben. Warenfetischismus und Statuskonsum seien die Folgen. Diese wären eng verbunden mit der kulturellen und sozialen Destruktion: Die Auflösung der Familien, das eklatante Defizit an eigenem Nachwuchs, soziale Ungerechtigkeiten und humanitärer Zynismus würden in einer Wolke von Werte-Relativismus und scheinbarer Toleranz eingehüllt sein, die den gezielt herbei geführten Wandel gegen Kritik immunisieren würde.

Die ideologische Absicherung der US-modellierten Transformation Europas gehe jedoch noch weiter. Der universelle Ausbau von Meinungsdiktaten und Gesinnungsregulationen in den Gesellschaften Europas sei unübersehbar und besonders auch in einer oktroyierten Sprachgestaltung erkennbar: Wer nicht ins Konzept paßt, wird als „rechtsradikal", „populistisch", „russophil", „hetzerisch", „ausländerfeindlich", „rassistisch", „homophob" usw. bezeichnet und stigmatisiert. Die von den USA besonders vorangetriebene Manie des Abhörens und Ausforschens politisch interessanter, sehr wohl aber auch höchstpersönlicher Daten sei ein Weg zum gläsernen Menschen, der von der politischen Machtelite unbegrenzt verfügt und in Abhängigkeit gebracht werden kann.

Klimaitis beschäftigt sich im vorliegenden Band mit Fragen, die auch aus der Sicht der Politischen Ökonomie von höchster Relevanz sind. Diese zeichnet sich durch eine methodisch korrekte Beziehungsanalyse ökonomischer, institutioneller, kultureller, gesellschaftlicher und politischer Phänomene aus. Zu den hier angesprochenen Themen gehören auch einige, denen seit geraumer Zeit die besondere Aufmerksamkeit des Instituts für Angewandte Politische Ökonomie gehört:

- Die Folgen eines unkontrollierten Mengenwachstums US-spezifischer Archetypen und ihrer globalen Ausbreitung in den allerletzten Jahrzehnten. Diese stehen teilweise in Zusammenhang mit dem selbstgewählten Kampf gegen „die Achse des Bösen", also den Zentren des globalen Terrorismus und deren Verbindungen. Diese sind teilweise, wenngleich keineswegs ausschließlich, Resultate fehlerhaft eingeschätzter und völkerrechtswidriger militärischer Engagements, deren komplexe Folgen vielfach auf die US-Gesellschaft zurückwirken. Anwallungen von penetrantem Propaganda-Patriotismus, freiheitsbegrenzender Kontroll-Manie und unilateralen Hegemonialstrebens (besonders begünstigt, ja geradezu erzwungen durch den Verfall der US-Wirtschaft) mußten sich nachhaltig auch auf die Verhältnisse anderer Länder, besonders auch derjenigen Europas, auswirken.

- **Die globale Universalisierung von Normen und Regelungen, besonders des Wirtschafts- und Finanzrechtes, etikettiert vielfach unter der Punze der „Liberalisierung".** Insbesondere das Immaterialgüterrecht (Marken, Patente etc.), teilweise auch das Vertragsrecht, sowie Regelungen wie „Basel III" (Banken-Eigenkapitalausstattung) bilden ein global vereinheitlichtes juristisches Unterfutter, auf der Basis dessen einheitliche Produkttypen und Designlinien entstehen, die landesspezifische Eigenheiten liquidieren und damit eine Warenwelt und Alltagskultur ohne jeden lokalen Wurzelgrund ausbilden.

- **Das Zusammenspiel zwischen dem Wirtschaften in großen, transnational operierenden Konzernen und deren politischer Begünstigung einerseits und der antitraditionellen, kulturpolitisch links ausgerichteten, großen gesellschaftlichen Umformung andererseits.** Vielfach wird das heute gängige Wirtschaftssystem fälschlich als „neoliberal" oder „turbokapitalistisch" rezipiert, und damit dem marktwirtschaftlichen Ordnungsmodell die Schuld für Werte-Relativismus und kulturelle Destruktion zugeschoben. Die vom Institut für Angewandte Politische Ökonomie vertretene Theorie des Neo-Syndikalismus zeigt die Gesellschaftstransformation jedoch als Resultat des Zusammenspiels zwischen politisch abhängigen und supranational getakteten Wirtschafts-Syndikaten und der revolutionären Agenda der Schaffung eines „homo novus".

- **Die Bedeutung gewachsener sozialer Gebilde und ihr Eigenwert gegenüber willkürlich konstruierten Institutionen und Staatsformationen.** Diese Einsicht umfaßt auch die Berücksichtigung der sozialen Kristallisation und ihrer Folgen für ungezählte Menschen, die sich aus politischen Entscheidungen oder revolutionären Umbrüchen ergeben. Dazu gehört auch so manches, was aus politisch fragwürdigen Motiven unternommen oder zwangsweise durchgesetzt wurde, aber schließlich in den Körper der gewachsenen Strukturen der Gesellschaft eingegangen ist.

Der Autor dieses Buches, Algis Klimaitis, behandelt wichtige Aspekte der genannten, abstrakt formulierten Themen auf der Ebene der konkreten kulturphilosophischen Reflexion. Brennende geopolitische Zusammenhänge werden nachvollziehbar und in ihren Hintergründen ausgeleuchtet. Klimaitis ist für seine diagnostische Tätigkeit bestens gerüstet und qualifiziert, weil er nicht nur auf eine erfolgreiche Karriere in der Wirtschaft und im NGO-Bereich zurückblicken kann, sondern auch als enger persönlicher Berater des seinerzeitigen litauischen Wendezeit-Präsidenten Algirdas Brazauskas und als maßgeblicher litauischer Europapolitiker in einer ähnlichen Krisenperiode politisch verantwortlich tätig war, wie wir sie auch heute – wohl jedoch im Ausmaß noch größerer Tragweite – erleben.

Klimaitis ist aber nicht nur Diagnostiker, sondern auch „politischer Pharmazeut". Denn für ihn sind *„die Fundamente eines kontinentaleuropäischen Selbstverständnisses... noch nicht unrettbar kaputt."* Nicht in Oberlehrermanier, sondern indem er Stellung bezieht und seine Ideen argumentiert, bietet er als politisches Gegenkonzept zum, aus dem Ruder gelaufenen Transatlantismus seine Vision des Kontinentalismus an. Diese fußt auf der Gemeinsamkeit des christlichen Kulturkondensates, das West- bzw. Mitteleuropa mit Rußland verbindet einerseits und auf der komplementären wirtschaftlichen Potenz dieser beiden Regionen andererseits. Auf der Basis einer christlichen Re-Spiritualisierung schlägt er einen *„West-Ost-Europäischen Wirtschaftsraum vor, der aus den starken kontinental-westeuropäischen Staaten, aus mittel-ost-europäischen „Transit"-Ländern und aus Rußland mit den anderen Teilnehmern der Eurasischen Wirtschaftsunion bestehen könnte"* als geographisch natürlichen Wirtschaftsraum vor. Er steht damit in prägnanter Antithese zum bekannt-berüchtigten russischen Philosophen und Politologen Alexander Dugin, der – ganz entgegen den Intentionen von Klimaitis – eine asiatisch dominierte Zwangs-Union Rußlands mit Europa anstrebt, die spirituell neu-heidnisch ausgerichtet und dem Ziel der Entchristlichung Europas verpflichtet wäre. Es ist interessant festzustellen, daß der kulturell relativistisch ausgerichtete Transatlantismus und der neo-bolschewistische Ansatz Dugins sich hier auf der ideellen Ebene auffällig oft treffen.

Dem hat Algis Kimaitis eine starke eigenständige Vision entgegenzuhalten. Seine Ausführungen sind anregend und inspirierend. Und deshalb wünscht das Institut für Angewandte Politische Ökonomie dieser Publikation viel Erfolg bei der Anregung von interessanten Debatten und weiterführenden Arbeiten.

Wien im November 2014
Mag. Christian Zeitz
Wissenschaftlicher Direktor des
Instituts für Angewandte Politische Ökonomie

Gedanken zu einem europäischen Kontinentalismus

Die US-amerikanische Rolle in der Zersetzung einer, vielleicht von allen Teilen der Bevölkerung nicht immer geliebten, *aber immerhin legitimen* Staatsführung der Ukraine, des Putsches gegen sie und ihre treibende Rolle in der blutigen Entfachung der dem Putsch folgenden Ereignisse, sowie die bekannt gewordenen geheimen US-Abhör- u. Kontrollpraktiken, die praktisch *alle* europäischen Bürger und viele europäische Regierungs- u. Wirtschaftsinstitutionen betreffen, haben die wenigen noch übrig gebliebenen positiv beurteilten Seiten des *Transatlantismus* wohl endgültig desavouiert.

Es gab schon immer Stimmen, die vor einem Zuviel an amerikanischem Einfluss auf den europäischen Menschen, der eine entwicklungsgeschichtlich ganz andere Lebensart als die des *American Way of Life* kannte, warnten. Diese Warnungen waren per se nie als plumper Antiamerikanismus, schon gar nicht gegen den einfachen, nicht in politischer Verantwortung stehenden, amerikanischen Bürger zu verstehen.

In diesen Warnungen schwang die eher traurige Feststellung eines zunehmenden Verlustes nationaler Identitäten, die allerdings immer auch im europäischen Kontext verstanden wurden, mit. Man war sich, nicht zuletzt nach zwei in Europa angezettelten Weltkriegen, dem Teil der eigenen Verantwortung dieses Identitätsschwundes bewusst.

„So was tut man unter Freunden nicht!", ließ die deutsche Bundesregierung nach dem Bekanntwerden des systematischen Abhörens des Kanzlertelefons durch US-Geheimdienste verlautbaren. Nun, was sollen erst die *hundert-millionenfachen* europäischen Bürger sagen, deren Handys und Computer *allesamt* unter amerikanischer Kontrolle stehen? Die Mehrheit wird sich nicht bei *„unseren amerikanischen Freunden"* bedanken. Das ohnmächtige Gefühl der *maßlosen Enttäuschung* wird nicht einfach verschwinden.

Die offene finanzielle, politische, geheimdienstliche und „militär-beraterische" Einmischung der USA in die mittlerweile blutig ausgearteten „inneren Angelegenheiten" der Ukraine, unmittelbar nach der ukrainischen Ablehnung eines Assozierungsabkommens mit der EU, zeigt, dass die US-amerikanische Administration sich nicht mit dieser Ablehnung abfinden wollte, obwohl es sich um eine legitime Entscheidung eines völkerrechtlich souveränen europäischen Staates handelte. Es zeigt einmal mehr, dass es die USA sind, die den entscheidenden politischen Ton in der EU angeben und Nato und EU zur Erweiterung ihrer Einflusssphären benutzt und Russland einkreisen will. Es dürfte allerdings auch klar sein, dass eine sehr deutliche Mehrheit der europäischen Nationen diesen amerikanischen Druck *nicht will!*

Eine breite Abwendung von den USA hat begonnen und wird, *trotz aller gezielten medialen und politischen Beschwörungen,* nicht aufzuhalten sein.

Es ist sehr zu bezweifeln, ob die Bürger der EU-Staaten, *wenn sie denn gefragt würden,* auch der Einrichtung einer *Transatlantischen Freihandelszone,* die die wirtschaftliche Verflechtung zwischen der EU und den USA noch weiter vertiefen möchte, zustimmen würden. Wenn die EU-Führung diese dennoch mit den USA vereinbart, *was leider durchaus zu erwarten ist,* wird das zu einer *weiteren Entfremdung* zwischen Bürger und „Brüssel" führen. Der

Ausgang der Verhandlungen zur „Transatlantischen Freihandelszone" wird zeigen, wo die politische Elite der EU tatsächlich steht, auf der *transatlantischen Brücke,* mit dem Gesicht zur Ostküste der USA, oder auf unserem europäischen Kontinent, wo die Bürger leben, die zu führen sie vorgeben!

Die Abwendung von den USA wird zu Diskussionen über das Wie und Wohin führen. Dieser Diskussionsbeitrag möchte die im folgenden skizzierte Anregung zu einem europäischen *Kontinentalismus* sein.

Ähnlich wie „Transatlantismus", ist „Kontinentalismus" ein erklärungsbedürftiger Begriff. So wie unter Transatlantismus nicht die Beziehung zwischen dem südamerikanischen und dem afrikanischen Kontinent zu verstehen ist, obwohl beide am Atlantischen Ozean liegen, sondern man darunter die engsten Beziehungen zwischen den USA und den in erster Linie europäischen Natostaaten meint, so hat man hier unter Kontinentalismus einen *europäischen Kontinentalismus* zu verstehen, ein Begriff, der herausstellen will, dass sich europäisches Selbstverständnis nicht zuvorderst auf die politischen Vereinigungsbestrebungen der Akteure der Europäischen Union und ihrer Anhängerschaft beschränken darf, auch nicht, erweitert, auf den EU-Nato-USA-Transatlantismus, sondern dass europäisches Selbstverständnis über diese Kategorien hinausweist.

Europäischer Kontinentalismus *ist eine Haltung* und keine Ideologie, auch wenn die Endung „-ismus" dazu verleiten könnte, ihn für eine Lehre zu halten. Man könnte darum genauso gut auch *europäisch kontinentale Haltung* sagen. Nur sind drei Worte eben länger als eines. Aber es meint dasselbe.

Ein europäischer Kontinentalismus kann nicht „antieuropäisch" oder „europaskeptisch" sein, weil das absurd ist. Allerdings bestreitet er, dass die EU einen Monopolanspruch auf die Wortdeutungshoheit „Europa", bzw. was „europäisch" ist, hat. Die EU ist zwar *eine* politische und wirtschaftliche Union auf einem beschränkten Teil des europäischen Kontinents, aber *nicht* die Union von ganz Europa.

Der Kontinentalismus geht vom realen Vorhandensein europäischer Nationalstaaten aus und warnt vor künstlich forcierter Zersetzung dieser historisch gewachsenen Struktur. Glaubt man demoskopischen Umfragen, dann dürfte klar sein, dass die europäischen Völker keine Abschaffung ihrer Nationalstaaten wünschen, auch nicht die Völker der EU-Länder. Die Ablehnung einer „Europäischen Verfassung" durch Referenden in Frankreich und in den Niederlanden 2005 und die seit langem von mal zu mal abnehmende Beteiligung in den EU-Ländern an der „Europa-Wahl" zum „Europäischen Parlament", das eigentlich keines ist, weil es keine Gesetze verabschieden kann, zeigt, dass diese Art und dieses Tempo einer „Europäischen Integration" seitens der Mehrheit der Bevölkerungen der EU-Staaten nicht erwünscht ist.

Der europäische Kontinentalismus besagt allerdings nicht, dass es keine Zusammenarbeit zwischen den europäischen Nationen geben kann, bis hin zur Schaffung gemeinsamer Normen und Institutionen auf wirtschaftlichen, handelsrechtlichen, außen-, sicherheits- u. friedenspolitischen Feldern. Doch sollten die Souveränität der einzelnen Staaten und die Identität ihrer Völker gewahrt bleiben, *solange diese Völker dieses wollen.*

Die existierende Vielfalt der europäischen Nationen mit ihren verschiedenen Sprachen, Historien und Mentalitäten ist nicht wegzudiskutieren und stellt sich auf natürliche Weise Versuchen entgegen, diese Vielfalt in eine dekretierte Einheit zu zwingen, wie es, angesichts der aktuellen Finanz-u. Staatsschuldenkrise vieler europäischer Länder, von einer demokratisch schwach legitimierten EU-Elite angestrebt wird.

Der Kontinentalismus widersetzt sich dem faktischen Alleinvertretungs-anspruch der EU **für alle in Gesamt-Europa** unter dem Schlüsselwort *europäische Integration* zu sprechen, ein Anspruch, welcher sich alltäglich in der öffentlichen politischen Auseinandersetzung gegenüber *EU-kritischen* Bürgern in solchen diffamierenden Etikettierungen wie „antieuropäisch", „europakritisch" usw. zeigt. Diese Bezeichnungen können doch nur so verstanden werden, als dass die EU- Apologeten meinen für ganz Europa zu sprechen und auch meinen, die alleinige Hoheitsdeutung über diese Begriffe zu besitzen.

Wie konnte es soweit kommen?

Interessant ist hier ein Blick zurück in die Geschichte. Der Ursprung dieser Anspruchshaltung liegt nicht in Europa, sondern in den USA und wurde 1948 vom dort gegründeten „American Committee for a United Europe" konzipiert, das angeführt wurde von Direktoren der amerikanischen Geheimdienste OSS (Office of Strategic Services) und CIA. Diese Kräfte strebten, so ihre Formulierung seinerzeit, eine *„weitreichende europäische Integration"* an. **Auf Betreiben des „American Committee for a United Europe"** wurde die *„European* Conference on Federation" gegründet, die wiederum **1949 den Europarat** gründeten, deren Flagge und Hymne auch die heutige EU führt.

Der Hauptgrund für dieses Bestreben war das Ereignis und der Ausgang des Zweiten Weltkrieges, das Europa, durch die alliierten Siegermächte, in zwei Hauptblöcke teilte: in den privatwirtschaftlichen Westen unter Führung des *Hegemons USA*, mit, bis auf zeitweilig Portugal, Spanien und Griechenland, vorwiegend parlamentarisch-demokratischen Strukturen, einer überwiegend freien Meinungsäußerung, Wohnort-und Reisefreiheit, freier Berufsausübung und in einen Osten, der von diktatorischen kommunistischen Parteien regiert wurde. *Hegemon des Ostens* war die UdSSR.

Die Vorgeschichte dieser *europäischen Teilung* begann noch bevor die USA am 8. Dezember 1941 den Eintritt in den 2.Weltkrieg erklärten. Vom 9. bis 12. August 1941 fand, hauptsächlich *wegen des Angriffs Deutschlands gegen die Sowjetunion und die sich daraus ergebende Möglichkeit eine Allianz mit der UdSSR zu erzielen*, ein Geheimtreffen der anglosächsischen Mächte USA und Großbritannien unter Führung ihrer politischen Spitzen Roosevelt und Churchill auf dem britischen Kriegsschiff HMS Prince of Wales statt, auf dem für die Öffentlichkeit eine wohlklingende, aber *völkerrechtlich nicht verbindliche* Proklamation, die später unter dem Namen **Atlantik**-**Charta** bekannt wurde, ausgearbeitet wurde, welche einige Tage nach dem Treffen, am 14. August, zur Veröffentlichung kam. Als Hauptpunkt war darin das Ziel der Vernichtung der Nazityrannei formuliert. Die Wahrscheinlichkeit, dass während dieses Geheimtreffens, das über vier Tage währte, lediglich die 8 Punkte der sog. Atlantik-Charta formuliert wurden, ist wohl eher gering.

In der Hauptsache wird es um die Erreichung einer *Allianz mit der Sowjetunion* gegangen sein.

Großbritannien erklärte Deutschland zwar bereits am 3. September 1939, nach dem Einmarsch der Wehrmacht in Polen, den Krieg, doch befand es sich erst seit dem Frühling 1940 in Kampfhandlungen mit Deutschland. Die Flucht der britischen Hilfsstreitmacht für Frankreich in Dünkirchen, die einer faktischen Niederlage gleichkam, wirkte tief. Die Briten brauchten dringend militärische Unterstützung seitens der USA, deren Bevölkerung allerdings mehrheitlich noch keinen Kriegseintritt wünschte. *Mit dem deutschen Angriff gegen die Sowjetunion wurde nun die Möglichkeit geschaffen, ein Bündnis mit Stalin gegen Deutschland anzustreben*, welches alsbald realisiert werden konnte.

Erstaunlich dabei war die blitzartige, situationsbedingte Überwindung der ideologischen Diskrepanz zwischen den anglosächsischen kapitalistischen Mächten und der UdSSR, die auch weiterhin die kommunistische Weltherrschaft anstrebte und als ärgsten Feind den imperialistischen Kapitalismus ansah.

Interessant in diesem Zusammenhang ist eine Aussage von Giulio Andreotti, langjähriger Ministerpräsident Italiens, gehalten am 31.März 2004 in Rom an der Päpstlichen Lateran Universität, anlässlich einer Veranstaltung zum 20.Jahrestag der Anknüpfung diplomatischer Beziehungen zwischen den USA und dem Vatikan. Er beschrieb dort u.a. den persönlichen Empfang von Roosevelts Sonderbotschafter Myron Taylor bei Papst Pius XII. am 17. September 1942 und zitiert aus einer Depesche des italienischen Botschafters beim Hl. Stuhl Raffaele Guariglia, Baron von Vituso.

Zitat von G.Andreotti: In einer Depesche des italienischen Botschafters Guariglia an Minister Ciano (die ich hier abschreibe) steht: „Taylor hat dem Heiligen Vater im Namen von Präsident

Roosevelt gesagt, daß das Bündnis und die Zusammenarbeit Amerikas und Englands mit Russland auf soliden Grundlagen steht und von Mißverständnissen frei ist. Mit Russland besteht Solidarität nicht nur in Sachen Krieg, sondern auch in der politischen Aktion: Amerika ist entschlossen, das bolschewistische Russland auch an den Verhandlungen für den Frieden und die Einrichtung desselben teilnehmen zu lassen.

Auf diese Mitteilung antwortete der Heilige Vater mit der Frage, wie sich Amerika und England auf sozialer, moralischer und wirtschaftlicher Ebene mit Russland, Sitz des Kommunismus, abstimmen könnten.

Taylor antwortete, daß *diese Einwände inzwischen **nicht mehr der Evolution** entsprächen*, die der Kommunismus sowohl als Partei als auch in Sachen staatlicher Führung durchlaufen hätte. Der sowjetischen Lehre und Organisation war inzwischen (so Taylor weiter) viel Aufmerksamkeit geschenkt worden, die Prinzipien des Kommunismus hatten sich inzwischen verbreitet, konnten gewissermaßen in das Gewissen und *die Konzepte der modernen Welt eindringen*; es war also *eine Frage der Form und Anpassung* an die einzelnen Bedingungen der verschieden Länder und der verschiedenen sozialen Gruppen, denen natürlich Rechnung getragen werden mußte, die aber *die neue internationale Ordnung unweigerlich, im sozialen Bereich ebenso wie im wirtschaftlichen und politischen, **der Anpassung und Versöhnung der alten Prinzipien mit denen aus der kommunistischen Lehre geborenen zuführen wird."***
(*Hervorhebungen A.K.*)

Taylors Ausführungen, insbesondere die Erwähnung einer *neuen internationalen Ordnung* zeigen, dass eine **Teilung Europas in die hegemonialen Sphären USA/GB – UdSSR** bereits im ersten Jahr des deutschen Angriffs auf die UdSSR von den politischen Führern Englands und der USA gesehen wurde und nicht die Folge des Kriegsverlaufs war, dessen Ausgang 1941 ja noch völlig ungewiss war.

Ob sich Papst Pius XII. von den Erklärungen Taylors *zur Anpassung und Versöhnung „der alten Prinzipien" mit denen des Kommunismus* beindrucken ließ, mag bezweifelt werden.

Klar bleibt, dass hier die anglosächsische wie die kommunistische Seite, neben dem Ziel der Zerschlagung des Nationalsozialismus, geopolitische **Chancen erkannten und solange zusammenarbeiteten, wie es für beide Seiten nützlich war.**

Da die Anpassung und Versöhnung der „alten Prinzipien" mit dem Kommunismus realerweise ausbleiben mussten, standen diese Alliierten bald nach dem Sieg über das „Dritte Reich" und die Achsenmächte im Jahr 1945 in Systemkonkurrenz, wobei das westliche System sich auf gesellschafts - u. wirtschaftsgeschichtlich älterer Grundlage bewegte, dem des privaten Besitzes und des sich im Laufe der Jahrhunderte in Europa entwickelten Pluralismus, während der Osten eine revolutionäre Basis beschritt, beschreiten musste, die der marxistisch-leninistisch-stalinistischen Herrschaftsform. Diese Systemkonkurrenz führte alsbald zum Kalten Krieg zwischen West und Ost.

Die noch haftenden Erinnerungen an die Schrecken des Zweiten Weltkrieges, der Wiederaufbau der kriegszerstörten Gebiete Westeuropas und ein damit begonnener Wohlstand begünstigte in den westeuropäischen Bevölkerungen eine verständlicherweise *wohlwollende Stimmung zu einer friedlichen europäischen Zusammenarbeit.*

Jene Stimmung bedeutete jedoch nie den erklärten Willen der beteiligten europäischen Völker zur Abschaffung ihrer Nationalstaaten und zum Aufbau eines europäischen Einheitsstaates.

Unter transatlantischer Leitung wurden im Westen Europas, zur Vermeidung der Fehler die nach dem Ersten Weltkrieg gemacht wurden und zur Verhinderung von möglichen wirtschaftlichen Konfliktherden, aber auch zur Vermeidung eines unkontrollierten Aufrüsten (West-)Deutschlands, verschiedene Etappen der integrativen Zusammenarbeit westeuropäischer Staaten beschritten. 1951 wurde die Montanunion (Europäische Gemeinschaft für Kohle und Stahl) gegründet. Darauf aufbauend folgte 1957 die Etablierung der Europäischen Wirtschaftsgemeinschaft (EWG) und der Europäischen Atomgemeinschaft (Euratom) und 1967, durch einen Fusionsvertrag zwischen EWG, Montanunion und Euratom, die Gründung der Europäischen Gemeinschaft (EG).

Einige Jahre vor der Gründung der EG, in den frühen sechziger Jahren, entwickelte, als Gegenstück der sich immer klarer abzeichnenden transatlantischen Vorstellungen, der französische Staatspräsident Charles de Gaulle das Projekt des „Europa der Vaterländer", eine Konzeption souveräner Staaten, die allerdings in der politischen Klasse der Bundesrepublik Deutschland nicht auf Gegenliebe stieß, weil sich Westdeutschland auch nicht im entferntesten mit den USA anlegen wollte oder konnte.

Selbstverständlich lehnten die Amerikaner die Europakonzeption de Gaulle's ab.

Mit der Einführung und schrittweisen Realisierung der *transatlantischen Formel* „weitreichende europäische Integration", wuchs Schritt für Schritt auch der Einfluss angelsächsischer Wirtschaftsweisen auf die kontinentalen westeuropäischen Staaten. Besonders in den Finanz- und Kapitalmärkten waren die Unterschiede zwischen den kontinentaleuropäischen und anglosächsischen Ländern nach dem Zweiten Weltkrieg noch längere Zeit erheblich. So borgten sich zum Beispiel europäische Unternehmen Geld für Anschaffungen, Modernisierungen, Neuentwicklungen und Geschäftsfelderweiterungen vorwiegend durch Geschäftsbanken, während sich amerikanische Unternehmen eher Geld über den Kapitalmarkt, in Form von Aktienemissionen bzw. Unternehmensanleihen, besorgten. Die kontinentaleuropäische Weise war kontrollierter auf langfristige Zusammenarbeit zwischen Unternehmen und Bank aufgebaut und deshalb weniger risikohaft, während die anglosächsische Weise höhere Risiken für die Geldgeber birgt, weil sich die vielen kleinen Geldgeber in erster Linie auf die werbenden Angaben und Versprechen der Emittenten verlassen und im Einzelnen kaum, wie die Kreditfachleute der Banken, die Finanzen dieser Unternehmen prüfen können.

Solange kontinentaleuropäische Banken, die mit sehr viel größerer Eigenkapitalhaftung als heute üblich geworden, ausgestattet waren und die *geführt wurden von Bankiers, nicht von Bankern (!)*, sich um die Kreditierung der Realgütermärkte kümmerten und daraus den Sparanlegern solide Zinsen boten, waren es angesehene Institute. Mittlerweile ist aus dieser gesunden kontinentaleuropäischen Kreditwirtschaft eine extrem gefährliche *Finanz-wettwirtschaft* geworden, weil die Finanzierung der Produktion realer materieller Güter, bzw. realer Dienstleistungen, nicht mehr die „erste Geige" spielt, sondern sie sich vielfach in abgehobene, spekulative, von der Realwirtschaft abgekoppelte *Finanzwetten* begeben hat, deren Vorbilder eindeutig in der angelsächsischen Welt zu suchen sind.

Ein europäischer Kontinentalismus sollte auch skeptisch gegenüber den von transatlantischer Seite bewusst forcierten Schlagworten *Globalisierung* und *permanentes Wirtschaftswachstum* sein, besonders wenn diese beiden Begriffe von den genannten „Eliten" als *alternativlos* dargestellt werden. Sicher ist die Welt durch die rasante technische Entwicklung schneller in ihrer Kommunikation geworden, schneller in ihren Produktionsabläufen, schneller in der Bewerbung und Verteilung dieser Produktion. Doch sieht man auch die Kehrseiten. Denn Globalisierung ist ein Schlagwort, hinter dem sich nur allzu oft internationale Konzerne verbergen, die „global" dort produzieren lassen, wo die Arbeitskraft am billigsten ist (das ist in Europa nicht unbedingt der Fall), um diese Produkte dort abzusetzen, wo die Kaufkraft am höchsten ist (das ist in Europa schon eher der Fall) und ihre Steuern dort bezahlen, wo sie am niedrigsten sind, womöglich an einem Ort, wo man nahezu gar nichts an Abgaben zu leisten hat.

Der europäische Bürger hat davon nicht viel. Im Gegenteil, diese Form von Globalisierung führte in vielen ehemals erfolgreichen europäischen Ländern unter anderem zu einer tragischen Deindustrialisierung und zu hoher Arbeitslosigkeit.

Das anglosächsische Credo des *permanenten, anstelle eines natürlichen, Wirtschaftswachstums* unterschlägt, dass dieses in der Regel durch Schulden-machen erreicht wird und dass die Zeche von zukünftigen Generationen bezahlt werden muss. Ob sie dieses noch können, darf zumindest für einige EU- Länder bezweifelt werden. Sogenannte Rettungsschirme, ebenfalls schuldenfinanziert, wurden aufgespannt. Die Vergemeinschaftung von Staatsschulden einiger Euroländer wird angestrebt, das heißt, dass finanziell *momentan* noch besser gestellte Staaten der Eurozone und deren Steuerbürger für die möglicherweise rückzahlungsunfähigen Euroländer bezahlen sollen. Das wird ohne soziale Verwerfungen in den „bessergestellten" Ländern wohl kaum machbar sein.

Die digitalen Kommunikationstechniken, die man zur „Globalisierung" hinzurechnet, haben zweifelsohne viele Bequemlichkeiten und Rationalisierungen herbeigeführt, doch führen sie nachweislich auch zur massenweisen Überwachung und Bespitzelung normaler Bürger, die dadurch einen *Verlust an Menschenwürde* erfahren müssen.

Durch bestimmte Algorithmen werden Menschenprofile erstellt, die daran zweifeln lassen ob, um mit Walther von der Vogelweide zu sprechen, „die Gedanken noch frei sind". Diese Entwicklung ist zwar nicht auf Europa beschränkt, doch betrifft sie eben auch und vielleicht sogar besonders die Europäer, denn der Begriff der Menschenwürde hat seine Wurzeln in der europäischen Antike, im Christentum, welches sich in Europa entfaltete und in den aus diesen Quellen schöpfenden geistesgeschichtlichen Bewegungen, die in Europa ihren Anfang nahmen.

Auch eine Reihe anderer Verhaltens-und Denkmuster wurden aus „Übersee" nach „Good Old Europe" importiert, die im Zuge der Jahrzehnte aus dem westlichen Kontinentaleuropäer mehr und mehr einen nahezu „Nur-Konsumenten" gemacht haben, dem viele gute ideelle Werte scheibchenweise abhandengekommen zu sein scheinen.

Neben dem Warenfetischismus und dem Geltungskonsum etablierten sich *im jahrzehntelangen Lauf des Transatlantismus* zuerst im Westen Europas zunehmend Bereiche, die große Anziehungskräfte besonders auf die europäische Jugend hatte. Die subversiven Elemente einer Popkultur, die so treffend von *Bertold Seliger* in seinem 2013 herausgekommenen Buch *„Das Geschäft mit der Musik. Ein Insiderbericht* beschrieben werden, mögen hier, neben der von der breiten europäischen Bevölkerung abgelehnten *Genderideologie* und dem *völlig unverhältnismäßigen Stellenwert, der bewusst der Homosexualität zugesprochen wird,* genannt sein.

Reflexe aus den USA kommender linksdominierter Bewegungen, inspiriert durch die in den Ende der 30er bis 50er Jahren in den USA wirkenden marxistischen Philosophen jüdischer Herkunft, die wegen des Nationalsozialismus ins amerikanische Exil gingen, wie z.B.: Marcuse, Adorno-Wiesengrund, Horkheimer, Bloch, wurden im Laufe der letzten Jahrzehnte in den Massenmedien Westeuropas systematisch gesellschafts-fähig gemacht, fanden also regen Eingang in Film, Literatur, Theater, in die Gesellschaftswissenschaften, in die Feuilletons der Redaktionen, in die Programme parlamentarischer Parteien, letztlich auch in die Wirtschaft, die mittlerweile den egalisierten, „gendergerechten" und durchglobalisierten Konsumenten beileibe nicht verachtet.

Was auf dem westlichen Teil unseres Kontinents 1945 ursprünglich mit einem anglo-amerikanischen Wirtschafts- und Finanzverständnis, in Verbindung mit dem Verteidigungssystem der NATO, begann, hat sich so weitgehend deformiert, dass es keine Anziehungskraft mehr für sehr viele Bürger unseres Kontinents hat.

Von den beiden ursprünglichen Säulen des Transatlantismus: der angloamerikanischen Wirtschaftsweise, besteht die eine, die ökonomische, mehr schlecht als recht und die andere Säule, der militärische *Schutz vor der sowjetkommunistischen Machtausdehnung* auf Westeuropa ist in der ursprünglichen Aufgabe bedeutungslos geworden, da es in Europa weder die *Sowjetunion* noch den *darin enthaltenen Kommunismus* mehr gibt.

Die militärische Säule dient jetzt anderen Zwecken, die der Ausdehnung des US- Einflusses auf die Nicht-Nato Sphäre in Ost- u. Südosteuropa und der Eliminierung oder mindestens Eindämmung russischer Einflussinteressen in diesem Gebiet.

***

Nach 1945 hatte der Osten unseres Kontinents eine ganz andere Entwicklung zu verzeichnen.

Sein Schicksal *als Teil des sowjetischen beherrschten Ostens* war besiegelt durch die politischen Entscheidungen der sog. Atlantik-Charta, der Moskauer Deklaration vom 30.10. 1943, der Teheran-Konferenz vom 1.12.1943, der Konferenz von Jalta im Februar 1945 und der Potsdamer Konferenz vom 17.7. - 2.8.1945. Tonangebend waren die untereinander alliierten **Amerikaner, Engländer und Sowjets. Sie teilten Europa auf.**

Die Staaten und Völker im Osten Europas hatten bis zum Zusammenbruch der Herrschaft der dortigen kommunistischen Parteien (ab 1989) nur den Spielraum, den ihnen das System unter Führung der Sowjetunion zugestand, die noch lange nach dem 2. Weltkrieg die kommunistische Weltrevolution anstrebte.

Eingeengt in einer Zwangsideologie und in der zum Versorgungsmangel führenden Planwirtschaft verstaatlichter Betriebe in Industrie, Handel und Landwirtschaft, in beständiger Parteipropaganda, zensierter Medien, in faktischem Auslandsreiseverbot, politabhängiger Justiz und systematischer Beobachtung durch Staatssicherheitsorgane, hat sich für die Bevölkerungen Osteuropas und des europäischen Teils der Sowjetunion natürlich keine mit Westeuropa auch nur entfernt vergleichbare Situation ergeben können.

Der Gedanke de Gaulle's an ein Europa der Vaterländer konnte im Osten nie in Erwägung gezogen werden und der Vorschlag Michail Gorbatschow's, lanciert während der *Perestroika*, ein „gemeinsames Haus Europas" zu schaffen, stieß, bei den noch frischen Erinnerungen an die historischen Realitäten der Wirkweise der Sowjetunion, besonders im Osten Europas verständlicherweise auf emotionale Ablehnung, die niemand ignorieren konnte.

Zu fragen ist, ob die osteuropäischen Völker, nach der jahrzehntelangen Indoktrination durch den sozialistischen Totalitarismus und nach dem Zusammenbruch desselben, tatsächlich bereits in eine politische Reifesituation entlassen wurden, um, objektiv, im eigenen Interesse, „ja" sagen zu können zu einer *„europäischen Integration* **nach transatlantischen Vorstellungen",** oder ob nicht eher eine, menschlich verständliche, Haltung anzunehmen ist, aus Angst vor einem „sowjetischen Roll back" so schnell wie möglich unter die vermeintliche Schutzgarantie der Nato zu kommen und dazu noch am westlichen Wohlstand zu partizipieren.

Also so bald wie möglich Mitglieder der Nato und der EU zu werden, was für die baltischen Staaten, Polen, Ungarn, Tschechien, die Slowakei, Bulgarien, Rumänien, Kroatien, Slowenien ja auch Realität wurde.

In diesem Zusammenhang ist natürlich auch die Frage zu stellen, ob die Gründung zur „Europäischen Union" (EU) 1992, also kurz nach dem Zusammenbruch des kommunistischen europäischen Ostens, als praktisch ausgeschlossen werden konnte, dass es dort ein „Roll- back" des Kommunismus geben wird, deswegen bereits zu diesem Zeitpunkt vollzogen wurde, um schnell den *transatlantischen Einfluss auf die Länder des ehemaligen Sowjetblocks auszudehnen?* Die Gründung der EU erfolgte im selben Jahr, als Russland die völkerrechtlichen Rechte und Pflichten der im Dezember 1991 aufgelösten Sowjetunion übernahm.

Nach nur verhältnismäßig kurzer Zeit, verglichen mit den Jahrzehnten der „westeuropäischen Integration", erfolgte, nach der Etablierung der EU, sehr schnell die erste Welle der Osterweiterung derselben.

Ob die von den USA und der EU mitzuverantwortende Destabilisierung der Ukraine Anfang 2014 auch in den Bereich der *Ausdehnung des transatlantischen Machtbereiches* reicht, zeigt sich derzeit.

Nach der psychologischen *Befriedigung der Sicherheitsgefühle* der osteuropäischen Völker, die in die Nato und in die EU aufgenommen wurden, ist festzustellen, dass die Osterweiterung der EU eine enorme *Absaugaktion von Fachkräften aus den neuen Mitgliedsländern* des Ostens bedeutete und weiterhin bedeutet! Angesichts der nicht gerade rosigen demographischen Situation des europäischen Westens ist dies die einfachste und billigste Art ein humanes Defizit zu decken.

Völlig ungeschminkt spricht der deutsche Finanzminister Schäuble im Januar 2014 in einem Interview davon, dass er baldigst für einen EU-Beitritt Serbiens sei, weil „wir darauf angewiesen sind, dass Arbeitskräfte zu uns kommen." Im Bereich der Pflege ginge es gar nicht mehr ohne sie, betonte dieser führende CDU-Politiker.

Dass viele Fachkräfte bereits in den Ost-EU-Mitgliedsländern fehlen und dort zum Teil zu katastrophalen Versorgungsengpässen, zum Beispiel im Gesundheitswesen, geführt haben, wird wohlweislich nicht erwähnt! Eine Studie des Instituts der deutschen Wirtschaft (IW) besagt, dass durch die Einwanderer aus den Ostländern der EU der Fachkräftemangel in Deutschland eingedämmt werde und unterstreicht, dass die neuen Zuzügler zum Teil sogar besser qualifiziert seien als die Einheimischen.

Schön, nicht wahr: die Gesellschaften der östlichen EU-Staaten haben diese Fachkräfte erst einmal geboren, dann in die Schule geschickt, weiter eine jahrelange Fachausbildung oder ein Studium ermöglicht - das alles kostete natürlich - und dann kommt der Westen und sagt: kommt, bei uns ist es besser, schöner, sauberer und verdienen tut ihr mehr, als in euren rückständigen Heimatländern.

„Freizügigkeit" heißt das in der Integrationssprache!

Aus dieser Perspektive betrachtet, bekommt diese Art „europäischer Integration" ein anderes, sehr einseitiges und eher hässliches Gesicht!

Für die bereits „abgesaugten" Arbeitskräfte sollte wenigstens ein adäquater Finanzausgleich an die Nationalwirtschaften der geschädigten Ostländer gezahlt werden. Die Kosten der Ausbildung einer Facharbeitskraft dürften ermittelbar sein. Doch dazu wird es wohl so bald nicht kommen, weil „ der Westen" für diese traurige Entwicklung überhaupt noch kein Schuldbewusstsein hat. Von den fehlenden Finanzen ganz zu schweigen!

***

In den vorangegangenen Seiten wurden die Hauptzüge der Genese der **anglo-amerikanisch inspirierten** und entscheidend mitgestalteten „Europakonzeption" angedeutet und dabei ein besonderes Augenmerk auf ihre diversen Einseitigkeiten, Schwachpunkte und gefährlichen Fehlentwicklungen gelegt.

Als *transatlantische Errungenschaft* ist die Sicherung des Friedens **in Europa** genannt worden, obwohl man nur von einer Sicherung zwischen den Staaten **Westeuropas** sprechen kann. Auch ist damit nicht bewiesen, dass jener Frieden in Westeuropa nach 1945 nur und ausschließlich durch die USA gesichert werden konnte und dass eine rein innerwesteuropäische Friedenssicherung nicht möglich gewesen wäre, aber immerhin, ein Friede auf diesem Gebiet ist festzustellen. Der ostdeutsche Juni-Aufstand von 1953, der Ungarn-Aufstand 1956, der Einmarsch des Warschauer Paktes 1968 in der CSSR sowie die Kriege des zerfallenen Jugoslawiens – **alles in Europa (!)** wurden allerdings nicht verhindert.

Eine Reihe der Beschlüsse der transatlantisch dominierten EU Institutionen sind von Bürgern der betroffenen Staaten begrüßt worden: Handels- und Reiseerleichterungen, d.h.: Visafreiheit, der Wegfall von Zöllen, die

Bequemlichkeiten des „Schengenraumes" beim Überqueren der Grenzen seien als hauptsächliche Beispiele genannt. Wahrscheinlich gehört ursprünglich sogar die Einführung der Währung „Euro" dazu, dessen Fehlkonstruktion die meisten Bürger der Eurostaaten bei seiner Einführung noch nicht durchschauen konnten.

Dennoch befinden sich die ideologischen, politischen und ökonomischen Grundlagen der **EU und der dahinterstehende Transatlantismus** in einem Prozess der Destruktion, der zu grundlegenden Veränderungen führen wird, abhängig von der Dauer der „künstlichen Beatmung", zu der die Erhalter dieses Konstruktes noch fähig sein werden.

Die *äußerlich* erkennbaren ökonomischen Zeichen dieses Prozesses sind, auf der anderen Seite des Atlantiks, die permanenten Gefährdungen der Staatsfinanzen der USA, die Staatsschulden liegen bei **17 Billionen** Dollar und rechnet man noch die Verschuldung der Unternehmen und der privaten Konsum- sowie die aufgenommenen Hypothekenkredite hinzu, so kommt die US-Gesamtverschuldung auf die **gigantische Summe von 60 Billionen, das sind sechzigtausend (!) Milliarden, Dollar.** Wie *Time Magazine* berichtet, sind mittlerweile 56 % aller US-Bürger nicht ausreichend kreditwürdig. Die Hälfte von ihnen, so schreiben die *Deutschen Wirtschaftsnachrichten*, lebt von Monat zu Monat, ohne jegliche finanzielle Reserve. Diesseitig des Atlantiks sind die unvorstellbar hohen Staatverschuldungen vieler EU- und Euroländer nicht minder dramatisch. Dazu gesellt sich die hohe Arbeitslosigkeit, die gefährlich wachsende Schere zwischen Arm und Reich und *nicht zuletzt* die weitgehend unkontrollierte, vorwiegend anglosächsisch begründete „Finanz-Spekulations-Welt", die eher an ein „Abrakadabra" denken lassen. Alle diese Dinge hängen zusammen.

Die *inneren Fliehkräfte* der transatlantischen Systemkrise werden darum nicht auf sich warten lassen.

Der US- amerikanischen Dominanz auf die europäischen Angelegenheiten, die natürlich in **erster Linie ureigenste Angelegenheiten der europäischen Nationen und ihrer Staaten sind,** wird endlich eine selbstbewusstere Haltung der Europäer gegenübergestellt werden müssen. Die Anzeichen, dass die amerikanische Führung in Europa nicht im zweifelsfreien Interesse *aller* Beteiligten liegt, sind viel zu deutlich, als dass man so weitermachen kann wie bisher.

Ein *europäischer Kontinentalismus*, also eine selbstbewusste Haltung *der europäischen Nationen* mit einer Besinnung auf die **genuin europäischen** kulturellen, gesellschaftlichen, wirtschaftlichen und politischen Werte ist vonnöten, um von den, wie es immer offensichtlicher wird, *stark relativistisch geprägten Postulaten* loszukommen, die gezielt seit Jahrzehnten eine Beeinflussung mit verheerenden Folgen für die Alltagsvernunft der Bevölkerungsmehrheit der Europäer ausüben.

Von den transatlantischen Lobbyschreibern in den Systemmedien werden diese Postulate mit Vorliebe als „westliche Werte" bezeichnet!

Doch keine der europäischen Katastrophen des vergangenen Jahrhunderts haben sämtliche, d.h. also *alle* jene Werte zerstören können, die *charakteristischerweise* im Laufe von Jahrtausenden in Europa entwickelt wurden. Viele von ihnen waren in der Dreieinheit des Wahren, Schönen und Guten eingeschlossen. Heute wird uns durch die transatlantische Ideologie der sogenannten Toleranz mehr und mehr eingeredet, dass alles *relativ,* gleichberechtigt, also *egal,* sei. Damit werden andere „Werte"-Dimensionen transportiert, die den genuinen europäischen Werten zum Teil diametral widersprechen.

Das Ergebnis dieser Weltsicht ist mittlerweile überdeutlich zu betrachten: Die Entgottung der Welt, die Auflösung der Familie, das tragische Defizit an Nachwuchs, die Übergabe der noch vorhandenen Kinder an die „Gesellschaft", die Auflösung der Nation, die Vereinsamung des Einzelnen und die totale Kommerzialisierung seiner Lebens-„Welt".

Bis auf die Kommerzialisierung waren die meisten dieser Ziele **ursprünglich im proletarischen Sozialismus** angesiedelt, der seine staatliche Ausformung anfänglich im *sowjetischen Bolschewismus* fand. Diese Ziele sind peu à peu eine Verbindung mit globalen Finanz- u. Konzernstrukturen eingegangen und zwar wegen der von ihnen entdeckten Erkenntnis, dass sich die im Relativismus und in der Egalität verpackten ideologischen Ziele den ungeheuren Kommerzialisierungsmöglichkeiten, die mit atomisierten Individuen zu erreichen sind, nicht widersprechen.

Gerade dieser *Prozess des Übergangs* nicht weniger ursprünglicher Ziele des proletarischen Sozialismus bolschewistischer Ausprägung in die „westlichen Gesellschaften" hinein, ist vielen Zeitgenossen noch viel zu wenig bewusst. Sich des Transatlantismus' bedienend, haben die Betreiber dieses Prozesses, in jahrzehntelangen schrittweisen „Eroberungen" die Deutungshoheit gesellschaftlicher Begriffe angestrebt und dabei tiefste Spuren bei Politikern, Medienvertretern und letztlich auch bei ökonomischen Managern hinterlassen, die bis zur Mutation führt, jene ursprünglich marxistischen und im Laufe jenes Prozesses womöglich extra verklausulierten Ziele, nunmehr „westliche Werte" zu nennen!

Diese Art der „Werte" sind nach dem „Woher" und nach dem „Wer" zu hinterfragen.

Das Woher ist klar, wenn wir vom proletarischen Sozialismus bolschewistischer Ausprägung sprechen. Die Rede ist von Sowjetrussland bzw. der UdSSR.

Zeitgenossen der Einführungszeit des proletarischen Sozialismus, wie zum Beispiel *Werner Sombart*, der in seiner Wirkungszeit mindestens so bekannt und einflussreich war wie *Max Weber*, schrieb allerding bereits kurz nach der russischen Oktoberrevolution:

„Was man sich vor allem zum klaren Bewusstsein bringen muss, ist die Tatsache, dass die Geschichte eines Volkes einen Verlauf nehmen kann, die dem Geist dieses Volkes stracks zuwiderläuft. Das aber ist der Fall im heutigen Russland. Es kann für niemanden, der auch nur einen Hauch vom Geiste des Russentums, wie er etwa in Dostojewski sich offenbart, verspürt hat, zweifelhaft sein, dass aller proletarische Sozialismus, dass also der Bolschewismus, der nichts ist als die Inkarnation der Ideen des proletarischen, das heißt also marxistischen Sozialismus, seinem inneren Wesen nach *unrussisch, ja, antirussisch* ist. Die Herrschaft des Bolschewismus bedeutet in russischer Betrachtung gar nichts anderes als das Erscheinen des Anti-Christen. Proletarischer Sozialismus ist im russischen Verstande Teufelswerk. Er ist in allem und jedem das schroffe Gegenteil vom russischen Volksgeiste als einer metaphysischen Entität – und nur um diese kann es sich handeln, wenn wir vom Volksgeiste sprechen – denn dieser ist seinem inneren Wesen nach tief religiös, mystisch, irrational und auf Auswirkung im nationalen, kirchlichen, gemeinschaftlichen Rahmen eingestellt".[1]

Der Bolschewismus wurde zwar in Russland installiert, ist aber keine genuin russische Angelegenheit! Mit dieser Feststellung steht Sombart nicht allein.

Zur Frage „Wer?"

Hier ist ebenfalls ein kurzer historischer Rückblick nötig, der hilfreich ist die gegenwärtige Situation besser zu verstehen.

In „Der proletarische Sozialismus" erarbeitet Sombart eine Soziologie der sozialistischen Führer heraus und hebt dabei die *überragende* Bedeutung von Juden als Führer des Marxismus hervor.

Der deutsche Historiker Ernst Nolte, Autor vieler bekannter Werke wie z.B.: „Der Faschismus in seiner Epoche"[2] und „Der europäische Bürgerkrieg 1917-1945"[3] hält den Begriff des „jüdischen Bolschewismus" angesichts des unbestreitbar hohen Anteils an Juden im bolschewistischen Machtapparat für verstehbar. In seinem Buch „Späte Reflexionen"[4] schreibt er: „…Dieser Begriff hatte eine feste Basis in den konkreten Erfahrungen zahlloser

---

[1] Werner Sombart, Der proletarische Sozialismus „Marxismus", Bd.2., Verlag Gustav Fischer, Jena 1924, Seiten 513f.

[2] 1963, Piper

[3] 1987, Propyläen

[4] Karolinger, 2011

Menschen und er spielte als Terminus oder dem Sinn nach keineswegs nur in der antibolschewistischen Literatur eine bedeutende Rolle…" , „…Auch viele westliche Autoren, jüdische und nichtjüdische, wie etwa in jüngster Zeit noch Alain Besançon, erklärten Deutungen wie diese für zutreffend…"[5]

Sonja Margolina, die Tochter eines jüdischen Kommunisten und selbst Historikerin schrieb in ihrem Buch „Das Ende der Lügen: Russland und die Juden im 20. Jahrhundert":[6] „…Die Tragödie des Judentums bestand darin, dass es keine politische Option gab, um der Rache für die geschichtliche Sünde der Juden – ihre exponierte Mitwirkung am kommunistischen Regime – zu entgehen…"

Der US-amerikanisch – jüdische Literaturwissenschaftler und Kulturkritiker George Steiner nannte den Marxismus kurz und bündig „that utterly Judaic messianism"!

Dieser „jüdische" Bolschewismus, unter dem, das muss auch klar gesagt werden, eine ungeheure Anzahl gläubiger sowie wohlhabender Juden umkamen, weil sie dem Marxismus in Russland ablehnend gegenüberstanden oder zu den „Klassenfeinden" gezählt wurden, ist in der UdSSR etappenweise, beginnend mit den stalinistischen Säuberungen, bedeutungslos geworden und endete spätestens mit den großen Auswanderungswellen der sowjetischen Juden in den 1970er und 1980er Jahren, wobei der statistisch größte Teil nicht nach Israel, sondern in die USA auswanderte.

---

[5] Späte Reflexionen, S.71

[6] Siedler, 1992 – S. 66

Friedrich Romig stellt in seinem Buch „Der Sinn der Geschichte"[7] unter anderem die These auf, dass „der revolutionäre Geist des Judentums" im 20. Jahrhundert gewaltige politische Macht erringt und nennt dieses unter Bezugnahme auf den Buchtitel des in der Sowjetunion geborenen und jetzt in den USA lebenden jüdischen Autors Yuri Sleskine „Das jüdische Jahrhundert". Weiter schreibt Romig: „Nach der Niederlage Deutschlands kam es zur Gründung des Staates Israel und zur engen Verbindung von Israel und den USA. Die Implosion der Sowjetunion ließ Amerika „als einzige Weltmacht" zurück. Die USA wurden in den Augen der Juden…zum „Neuen Israel".

In einer abgekürzten Form kann also die These aufgestellt werden, dass große Teile "des revolutionäre Geistes des Judentums", von von ihm entscheidend sowjetisierten Russland, welches es so nicht mehr gibt, sozusagen „geopolitisch" in die USA übergegangen sind.

Dies bestätigt der *jüdische* Historiker und Denker der **US-Neokonservativen** Michael Leeden, der in seinem Buch „ The War against the Terror Masters: Why it happened, Where we Are, How We'll Win" schreibt: „… reißen wir jeden Tag die alte Ordnung ein, vom Geschäftsleben bis zur Naturwissenschaft, Literatur, Kunst, Architektur und Film, bis zu Politik und Gesetz … **wir müssen sie (die traditionellen Ordnungen) zerstören**, um **unsere historische Sendung** voranzubringen".[8] (Hervorhebungen A.K.)

---

[7] Regin Verlag, 2011

[8] St. Martin's Press, N.Y., 2002, S 212 f.

Diese, von Leeden offen beschriebene zerstörerische Form des „Amerikanismus" und des Transatlantismus, eingepackt in die Ideologien des Relativismus und Globalismus, würde, stünde sie den europäischen Menschen in einem Referendum zur Verfügung, wohl niemals eine Mehrheit finden!

Es wäre, hinsichtlich der Beschreibung des „Wer", ein Irrtum zu glauben, dahinter stünde kruder oder ein sonst wie gearteter *Antisemitismus.*

Von der Angemessenheit des Begriffes einmal abgesehen, denn Araber, Ägypter, Lybier, Palästinenser usw. sind Semiten und wohlgemerkt, auch die in ihrer Anzahl, im Verhältnis zu den Vorgenannten, viel geringeren Juden, sind Semiten. Aber darum geht es hier nicht.

Es geht darum, dass in einer sich frei nennenden Gesellschaft – und dazu zählt sich „der Westen" ja wohl, **sachliche Kritik** an jüdischen Personen, Gruppen und Einrichtungen möglich sein muss. Es geht nicht um „die" Juden, sondern um eine sachlich begründete Kritik der Wirkweise einer beträchtlichen Anzahl jüdischer Personen, Gruppen und Institutionen in Vergangenheit und Gegenwart. *Wenn die Kritik daran verhindert wird, kann man nicht von Meinungsfreiheit sprechen.*

Dass es nach dem breiten Bekanntwerden der nationalsozialistischen Verbrechen nach 1945, begangen an Juden, Zigeunern, Sozialisten und Kommunisten in Deutschland und verschiedenster von den Nazis besetztgehaltener und unterdrückter europäischer Völker zu einer Abscheu jener Verbrechen bei den meisten Deutschen und Österreichern selbst und auch bei den Bevölkerungen der ehemals besetzten Staaten und Gebiete gekommen ist, die allerdings auch allesamt eine beträchtliche Anzahl von Nazikollaborateuren aufweisen konnten, ist verständlich.

Denn unabhängig von der kaum zu bestreitenden Schuld exponierter Herkunftsjuden an der millionenfachen Ermordung von Klassenfeinden in Sowjetrussland, wo nach offiziellen Ausweisen der Sowjetregierung allein bis September 1920:

Erzbischöfe und Bischöfe	28
Priester	1.215
Professoren und Lehrer	6.575
Ärzte und Hilfspersonal	8.800
Offiziere	54.650
Soldaten	250.000
Gendarmerie- und Polizeioffiziere	10.500
Polizeiagenten und Gendarmen	48.500
Landwirte (Gutsbesitzer)	12.950
Freie Berufe	355.250
Arbeiter	192.350
Bauern	815.000

liquidiert wurden, am 8. August 1918 lautete z.B. der Befehl des Volkskommissars für militärische Angelegenheiten: "Direkte und indirekte Verbündete der Tschechoslowaken, Konterrevolutionäre, Agitatoren und Sabotierende müssen zu Staub zerrieben werden" und die bolschewistische Krasnaja Gazeta schrieb dazu am 31. August und 1.September 1918: „Die Interessen der Revolution fordert die *physische Vernichtung* der Bourgeoisie" bzw. „Wir werden nicht zittern im Angesicht des Meeres von

Feindesblut, wir werden es fließen lassen. Ohne Gnade, ohne Furcht werden wir unsere Feinde **ausrotten**: sie sollen in ihrem eigenen Blute ertrinken…Möge das Blut der Bourgeoisie in Strömen fließen! Mehr Blut, soviel Blut wie möglich!"[9] und auch nach der Feststellung sowjetamtlicher Quellen, wonach Ende 1919 von den 380 Volkskommissaren 300 Juden waren, 1920 von 457 422, 1921 von 550 447, das sind bzw. 78 , 92, 80 Prozent,[10] bleibt dennoch die zeitlich darauffolgende nazistische „Blutrache" an Juden für einen Europäer mit bürgerlichem Anstand **unentschuldbar.** Die bolschewistischen Verbrechen sind selbstredend aber *genauso unentschuldbar!*

Die verständliche Abscheu gegen die Verbrechen der Nationalsozialisten sollte allerdings nicht zu einer unangemessenen, unsachlichen und unwissenschaftlichen „Philie" führen.

Jene führt dann zu solch **verirrten** Behauptungen, die ersten Europäer seien Juden gewesen!

Genau das beschreibt Reinhard Göweil im Feuilleton der von ihm geleiteten *Wiener Zeitung* am 24.Mai 2014 („Die ersten Europäer") in Verbindung **mit dem Zweifel,** ob christliche Werte und Traditionen zu einem *europäischen Bewusstsein* geführt haben *und ob nicht eher „die jüdischen Familien, die internationalen Handel und Finanzgeschäfte aufgezogen…", dieses herbei-geführt hätten.*

---

[9] W.Sombart, Der proletarische Sozialismus, Jena 1925, Bd.II, S. 468-470

[10] W.Sombart, Der proletarische Sozialismus,Jena, 1925, Bd.II S.299

Diese Art „Rechnung" ist nun tatsächlich ein bisschen zu simpel, um ernst genommen zu werden, aber sie ist symptomatisch und steht für eine systematische Herabsetzung des europäischen Christentums, das bis zu seiner allmählichen Zersetzung führen soll und verbirgt allzu oft nur mühsam den verdeckten Hass auf die christlichen Wurzeln in Europa durch bedeutende Teile der „politischen und intellektuellen Eliten" in Westeuropa.

Die Kirchengeschichte kennt drei Zentren des alten Christentums, die von *Jean Danielou* in seiner *Nouvelle Histoire de l'Eglise* mit **Rom, Ephesus und Edessa** bezeichnet werden.

Gilles Quispel beschreibt im Eranos Jahrbuch von 1965 (S.15-16), wie Edessa die Hauptstadt des syrischen, aramäisch sprechenden *semitischen Christentums* wurde und geblieben ist und **unabhängig** vom *Heidenchristentum* steht. Weiter schreibt er: „Wir im Westen sind alle Kinder Augustins. Ob wir katholisch sind oder protestantisch, spielt keine Rolle; *unser Christentum ist praktisch*, das heißt, es wird bestimmt durch Schuld und Gnade und so auch durch Versöhnung. … Damit hängt nun ein gewisser Zug zur Gesetzlichkeit zusammen. Betrachten wir etwa das Lebenswerk des *Benedikt von Nursia,* des Organisator des westlichen Mönchtums. Er schrieb eine *Regula* für seinen *Ordo,* worin er den Gehorsam und die Stabilität betonte. Ordnung, Regel, Gehorsam, Stabilität, alles gute, alte, konservative, **römische Tugenden.** Und zweifellos hängt das nicht nur bei Benedictus, sondern im westlichen Christentum überhaupt mit dem römischen Geist zusammen. … **Im westlichen Christentum ist zu einem Teil der römische Geist christianisiert.**

Das griechische Christentum dagegen hat das ontologische Interesse **der Griechen** konserviert. Es versucht festzustellen, wie das göttliche Wesen sich zu seinen Seinsweisen verhielt; es konzentriert sich auf die Christologie, *weil es um die Synthese von Sein und Zeit weiß.*

Ganz anders das semitische Christentum (Edessa), welches auch in den dogmatischen Kämpfen des vierten Jahrhunderts *kein Interesse* für die Streitigkeiten der Griechen zeigte. *„Hier lebte das jüdische Christentum von Palästina weiter, die eschatologische Unruhe des jüdischen Geistes.“[11]*

Neben dem nationalreligiösen Judentum, das schon in der Antike in Europa unter gesellschaftlicher Ausgrenzung leben musste, nahm auch das semitisch-christliche Judentum nicht an den frühen europäischen christlich-geistesgeschichtlichen Diskussionen teil.

Es bilden somit das griechische und römische Christentum und die von ihnen vorgenommenen „Einkulturierungen" aus der **europäischen Antike** *das Fundament eines europäischen Bewusstseins.*

Aber natürlich haben Juden später am europäischen Bewusstsein *mitgewirkt* und das nicht nur im übernationalen Bereich, sondern gerade im typisch europäischen, nämlich nationalen Rahmen, besonders dem der Literatur.

Wenn wir an anderer Stelle feststellten, dass große Teile des revolutionären Geistes des Judentums vom ursprünglichen proletarischen Sozialismus vorwiegend bolschewistischer Prägung sozusagen „geopolitisch" in die USA übergegangen sind und sich dort, man möchte sagen in „klassisch-

---

[11] Eranos Jahrbuch 1965 S.15f.

marxistisch" evolutionistischer Weise zum absoluten Relativismus zeitgenössischer Prägung in Koalition mit globalen Wirtschaftsinteressen „hochentwickelt" haben, so ist diese Tatsache für Europa höchst evident, weil dieser durch den massenmedial gesteuerten Zeitgeist **äußerst einflußreiche, säkularisierte, „absolute" Relativismus,** wie wir gesehen haben, „nicht die Normen des Wahren und Falschen, des Guten und Bösen als unveränderliches Sittengesetz" (Pius XI.) anerkennt und „nichts als definitiv anerkennt und als letzten Maßstab nur das eigene Ich mit seinen Gelüsten gelten läßt und unter dem *Anschein der Freiheit für jeden zu einem Gefängnis wird"* (Kongregation für die Glaubenslehre, 3.12.2007).

Dass durch diese Hintertür die sogenannte „Juden-Frage", die so erstmals im 18. Jahrhundert, im Zuge der Emanzipationsmöglichkeiten der westeuropäischen Juden auftauchte, in ihren historisch durchlaufenen verschiedensten, zum Teil tragischen, Formen bis heute in und für Europa nicht wirklich überwunden ist, ist eine traurige Tatsache, die, als Tabu zu leugnen, ein Fehler wäre.

Wohlgemerkt, diese Sicht auf eine „Juden-Frage" betrifft nicht *die Juden* als Kollektiv, sondern, wie an anderer Stelle schon gesagt, sie betrifft die Wirkweise einer beträchtlichen Anzahl jüdischer Personen, Gruppen und Institutionen. Oder, in Anlehnung eines angeblichen Spruches eines Rabbiners, ausgedrückt: es geht nicht um die Bronsteins, sondern um die Trotzkis.

Jene Situation wird sich *kontinentaleuropäisch* nur dann entschärfen, wenn das Unheilvolle dieser Lage erkannt wird und der profane **absolute Relativismus** zunehmend mehr auf Widerstand stößt. Die westliche

Wirtschafts-und Finanzkrise und die damit einhergehenden sozialen Verwerfungen wie z.B. die hohe Jugendarbeitslosigkeit, führen ohnehin schon in diese Richtung.

***

Pessimistische, zuvorderst „konservativ-katholische", *allerdings überwiegend westeuropäische*, Stimmen meinen, für eine Reaktivierung genuin kontinentaleuropäischer Werte sei es möglicherweise zu spät, es gäbe sie, nach über 500 Jahren „permanenter Revolution", beginnend mit dem ausgehenden Mittelalter, weiter über die Renaissance und die Französische Revolution gehend, nicht mehr. Es stimmt, die katholische Wirkweise der „Einheit des Reiches und der Kirche" gibt es nicht mehr und an der Vergangenheit ist nichts zu ändern. Zu bedenken sollte in diesem Zusammenhang allerdings geben, dass der Islam *machttechnisch* ebenfalls eine Einheit von Staat und Religion fordert und in einigen beherrschten Territorien bereits die für normaleuropäisches Verständnis unannehmbare Scharia praktiziert. Selbstverständlich sind die Unterschiede zwischen christlichen und islamischen Staatsverständnis so immens, dass sie nicht auf gleicher Ebene beurteilt werden können. Der obige Hinweis bezieht sich auch nur auf das rein Technische. Und natürlich bleibt es zu bedauern, dass mit dem jahrhundertelangen Abbau des *politischen* Einflusses der westlichen römischen Kirche in letzter Zeit auch der von interessierter Seite bewusst forcierte rapide Abbau der *jahrtausendelang* von ihr vertretenen und von den katholischen europäischen Völkern, historisch gesehen bis vor kurzem verinnerlichten *moralischen und ethischen* Grundlagen, zu verzeichnen ist.

500 Jahre ist eine lange Zeit: „As Time Goes By" wird im Film Casablanca (1942) gesungen, doch im selben Lied heißt es auch: „The Fundamental Things Apply"!

Die Fundamente eines kontinentaleuropäischen Selbstverständnisses sind nicht unrettbar kaputt.

Die verschiedene Entwicklung, die West-und Mittelosteuropa nach 1945 nahm, hat auch zu einer sichtbar unterschiedlichen Verschüttung der genannten Fundamente geführt. Vieles, was wahrscheinlich noch eine Mehrheit der Europäer unter „gesundes Volksempfinden" bezeichnet, ist im ehemals kommunistisch beherrschten Osten viel mehr Alltäglichkeit als im Westen. **Homosexuelle „Loveparades"** werden als unverhältnismäßig und darum unpassend für die Mehrheitsgesellschaft abgelehnt, sie werden erkannt als **enthemmte Sex-Paraden**, die **nichts mit Liebe** z.B.: zu seinen Kindern, zu Vater, Mutter, Bruder und Schwester, zur sozial verstandenen Nächstenliebe, zur Heimatliebe, zur Liebe zu Musik, Literatur, Wissenschaften und schon gar nichts mit der Liebe zu Gott **zu tun haben**. Auch die Rolle der Familie steht in der Regel höher da als im Westen und der Stolz auf die Heimat, ihre Historie und Kulturleistungen ist selbst bei *vielen jungen Menschen* in Mittelosteuropa viel stärker vorhanden als im Westen. In Polen sind zum Beispiel sonntags die Kirchen mit Gläubigen *aller Altersklassen* so voll, dass viele vor den Kirchen draußen bleiben müssen. Und nach dem Zusammenbruch der Sowjetunion hat Russland, *bis in die politische Führung hinein,* eine *spürbare Hinwendung zum orthodoxen Christentum vollzogen.*

Doch auch im Westen tut sich neuerdings einiges: die Massende-monstrationen in Frankreich für *eine natürliche Familie von Mann, Frau und Kind, gegen die Homo-u.* Gender-Ideologie brachten im Februar 2014 Hunderttausende auf die Straßen von Paris. Und auch auf politisch-parlamentarischem Gebiet hat sich in Westeuropa ebenfalls Enormes getan: Bei den Wahlen zum sog. "Europäischen Parlament" wurde die französische „Front National" **Wahlsieger**, in Großbritannien trumpfte die EU-kritische UKIP auf und in Deutschland hatte den größten prozentualen Zugewinn die ebenfalls EU-kritische „Alternative für Deutschland".

Frankreich, Deutschland und Großbritannien sind ja nicht gerade unbedeutende Kleinstaaten.

An den **Weltjugendtagen der Katholischen Kirche** *die in Europa* statt-fanden, nahmen, seit 1989, über **8 Millionen junge Menschen** teil.

All das sind deutliche Lebenszeichen eines *immer kraftvoller werdenden Widerstandes* gegen den profanen absoluten Relativismus, der sich in weiten Teilen Europas festgesetzt hat, der allerdings, aufgrund der von ihm verursachten Krisen, mit dem Rücken zur Wand steht und darum waidwund und halsbrecherisch werden kann.

Doch die meisten Massenmedien berichten über das deutliche Erstarken EU-kritischer Phänomene in einem Stil, den man „wie abgesprochen" empfinden kann. Das lässt bei vielen Bürgern den Zweifel an der Unabhängigkeit dieser Medien noch weiter anwachsen. Möge an dieser Stelle als Beispiel die als bisher seriös geltende *Frankfurter Allgemeine Zeitung* genannt sein. Der Unterschied, der sich in den *EU-politischen Kommentaren* dieser Publikation, in der elektronischen Homepage zwischen Leserschaft und Redaktion auftut, ist einem tiefen Graben ähnlicher, als einer üblichen Diskussion mit gewissen Meinungsverschiedenheiten. Die *Mehrzahl* jener Leserkommentare ist EU-kritisch und steht oft in krassem Gegensatz zu den Redaktionskommentaren und genau dieser Zustand wird in vielen Leserkommentaren immer wieder benannt. Immerhin veröffentlicht die FAZ diese Leserkommentare, ein Zeichen, dass Kritik dort noch möglich ist! Allerdings stellte die Redaktion im August 2014 die Leserkommentierung zur Ukraine-Krise vorerst ein. Nur mehr die *transatlantische Meinung* der Redaktion wurde veröffentlicht.

Der stereophone mediale und politische Versuch Kritik an EU, Trans-atlantismus und des Nato-Engagement im Zusammenhang mit den kriegerischen Auseinandersetzungen in der Ukraine, mit Apostrophierungen wie „populistisch", „rechtsradikal", ja, auch „linksradikal" und mittlerweile „russophil" zu diffamieren ist entlarvend und dem Klima einer „freien Meinungsäußerung" alles andere als verträglich!

Anstelle einer sachlichen Auseinandersetzung mit den Meinungen und Argumenten jener europäischen Menschen und politischen Bewegungen, die für eine Distanz zu dem Konglomerat aus US-amerikanischen Weltmacht-gehabe, den überbordenden Staatsschulden, dem gescheiterten Multi-kulturalismus, der Zersetzung nationaler Kulturen stehen, wird weiterhin „blind" auf sie eingedroschen. Das ist ein Armutszeugnis an intellektueller Redlichkeit der machthabenden „Eliten". Oder sind sie dazu gar nicht mehr fähig?

Wollen sie nicht mehr mitbekommen, dass mittlerweile sowohl auf „linker" („Die Linke" in Deutschland), wie „rechter" Seite (die französische „Front National") zum Beispiel, ein höheres Verständnis für *Russlands*

Widerstand gegen die von US-Altpolitiker Brzezinski eingeforderte *Einkreisung* eingeklagt wird und dazu beträchtliche Teile der deutschen, aber auch anderer westeuropäischer exportierender Industriezweige, gegen die von den USA und der EU beschlossenen und weiter angedrohten Sanktionen gegen Russland sind, das sich, *völkerrechtsstrittig, aber friedlich und historisch sowie geopolitisch verständlich*, die Krim-Halbinsel zurückholte und Verständnis und Unterstützung für die aufständische russischsprachige Bevölkerung in der Ostukraine zeigt?

Es scheint eine **panische Angst** innerhalb der US-EU - Eliten zu geben, dass sich einflussreichere ökonomische und politische europäische Gruppierungen bilden, die es, nachdem der Sowjetkommunismus aus Russland verschwunden ist, schon aus geographischen Gründen als **natürlich** ansehen, eine viel engere wirtschaftliche und politische Zusammenarbeit mit dem rohstoffreichen Russland anzustreben, als es bis heute zuvorderst durch die russischen Energielieferungen der Fall ist, das heißt eine echte kontinentaleuropäische Zusammenarbeit in Wirtschaft und Politik herzustellen.

Natürlich wollen die genannten „Eliten" das verhindern, denn es würde ein plötzliches und endgültiges Ende des Transatlantismus bedeuten.

Darum wird ein mediales Szenario aufgebaut, dass „den Westen" als Hort „demokratischer Werte" inszeniert und Russland als das Gegenstück hinstellt.

Doch kann das funktionieren?

Wir haben gesehen, welche Mutationen die „westlichen Werte" hinter sich haben, wir haben erfahren, wie wir systematisch abgehört werden, wir haben bemerkt, wie „gleichgeschaltet" die westlichen Medien geworden sind und die letzten Wahlen in den europäischen Ländern haben gezeigt, wie viele Bürger überhaupt nicht mehr wählen gehen. Also der Selbstbegriff „Hort der Demokratie" scheint die Dinge nicht mehr richtig darstellen zu können.

Das Russland anders ist als das transatlantische Europagebilde, ist aus verständlichen Gründen klar: Es war, bis auf die „WK2"-Zusammenarbeit mit den USA und Großbritannien gegen Nazideutschland und seine Verbündeten, kein Teil des Transatlantismus und stand nicht unter seinem Einfluss.

Ob es, nach der **Selbstbeendigung** der kommunistischen Einparteienherrschaft in der UdSSR, nach der **Selbstauflösung** der UdSSR und Wiederherstellung zahlreicher souveräner Staaten auf dem Gebiet der ehemaligen UdSSR **unter Einschluss Russlands**, weiterhin so undifferenziert als undemokratischer Staat hingestellt werden kann, ist, besonders im Vergleich zu den „westlichen Mutationen", sehr zweifelhaft und wird von vielen Westeuropäern in Wirtschaft und Politik so auch nicht gesehen.
Russland ist, vom Anfang seiner Geschichte an, ein europäisches Land! Gegründet von der *skandinavischen* **Rjurikidendynastie**, die beiderseits der wichtigsten Flußwege zwischen der Ostsee und dem Schwarzen Meer Herrschaftszentren und Handelsbasen einrichteten und so, der *Nestor-Chronik* zufolge, **Kiew** gründete, „…zu jener Zeit, als Rjurik Fürst in Nowgorod war". Die „Achse Kiew-Nowgorod" ist jahrhundertelang grundlegend für die Frühgeschichte Russlands gewesen und es sollte darum

heute nicht verwundern, dass das in historisch bewussten Kreisen weder in der Ukraine noch in Russland vergessen ist.

Und doch gibt es von zwei Seiten *Zweifel an der Europa-Zugehörigkeit* Russlands: von den **Transatlantikern** und von den **Eurasiern** in Russland selber. Erstere wollen die Herrschaft über weite Teile Europas behalten und Russlands Einfluss auf den Rest Europas so klein wie nur möglich halten, in dem sie unter anderem behaupten, Russland sei zu groß für „Europa" und Letztere glauben, dass der „große offene Raum" Russlands nach dem asiatischen Osten hin einen ungleich größeren Einfluss auf die Kulturtraditionen Russlands hatte, als jener , der aus Europa kam.

Das neue Interesse einiger russischer Kreise am Eurasismus lässt sich mit der *Ideenkrise* breiter gesellschaftlicher Kreise *nach dem Zusammenbruch der kommunistischen Ideologie* und Propaganda erklären. Gesucht wurde eine „klare und konsequente Weltanschauung", so das „Manifest der eurasischen Bewegung" vom 2.3.2001. Geschichtlich allerdings ist die Behauptung eines *asiatisch-mongolischen Haupteinflusses* auf Russland gegenüber einem *europäisch-christlichen* schwerlich aufrechtzuerhalten. Ein Beginn christlicher Kultur lässt sich in „Altrussland" bereits im 9. Jahrhundert feststellen. Fürstin Olga aus dem Hause der Rjurikiden empfing wohl um das Jahr 955 beim oströmischen Kaiser Konstantin Porphyrogennetos die Taufe und hieß fortan Helena. Unter ihrem Enkel Wladimir wurde das Christentum 988 endgültig „Staatsreligion". Auch der Einbruch der Mongolen 1244, *also 256 Jahre nach Einführung des Christentums,* hat dasselbe nicht beeinflusst, da sich die Khane der Goldenen Horde nicht in die religiösen Angelegenheiten der russischen Fürstentümer einmischten, sondern eher an Tributzahlungen interessiert waren. Die relativ *große Autonomie,* die die mongolischen Khane den russischen Fürstentümern gaben, die sich als Folge der unglücklichen Zergliederung der großen Kiewer Rus im 12. Jahrhundert herausbildeten, führte bei den orthodoxen Einwohnern *nicht zu einer kulturellen Mongolisierung*. Die *orthodoxe Kirche Kiews ist griechisch inspiriert*. Sie war anfänglich Teilkirche des Patriarchates von Konstantinopel. Der Sitz der Metropolie wurde 1326 von Kiew nach Moskau verlegt. Der Grund dafür dürfte mehr mit der Herrschaftsausweitung des Großfürstentums Litauen zu tun haben. Mongolischer Einfluss ist hier auszuschließen. Vorher schon verlegten russische Großfürsten die Hauptstadt von Kiew nach Wladimir an der Kljasma, wo seit 1299 auch der Kiewer Metropolit residierte. Mit der sichtbar zunehmenden Schwächung Ostroms hängt auch die schrittweise Abnabelung von der byzantinischen Mutterkirche zusammen, die letztlich 1590 zur – mit der ökumenischen Synode in Konstantinopel abgestimmten – Errichtung eines neuen **Patriarchats in Moskau** führte.

Kulturprägend für die Entwicklung Altrusslands bis zum Ende des Zarentums Anfang des 20. Jahrhunderts war **die enge Verbindung von Orthodoxer Kirche und politischer Führung.** Sie währte praktisch tausend(!) Jahre, von 988 bis 1917 und spielt jetzt seit dem Untergang des Bolschewismus 1990/91 wieder eine größere Rolle. Die zwei Jahrhunderte andauernde Tributpflichtigkeit russischer Fürstentümer gegenüber den asiatischen Mongolen steht in keinem **kulturprägenden** Verhältnis zur **europäischen christlichen Kultur Russlands.**

Russlands geschichtlicher, kultureller und geographischer Ausgangspunkt **liegt unbestreitbar in Europa** und seine Ausweitung nach Osten hin, zum Beispiel in das „asiatische" Sibirien hinein, begann bereits im 16. Jahrhundert und es ist somit eine „**Ausweitung Europas durch russische Ost-kolonisation**".[12] Diese Ausweitung war sehr wohl gegen die asiatischen Khanate wie z.B.: Kasan und Astrachan gerichtet. Auch insofern scheint die aktuelle eurasische Betrachtungsweise hinterfragbar zu sein.

Richtig ist allerdings, dass Europa und Asien **auf der Landkarte** oder vom Weltall aus betrachtet, wie ein geographischer Kontinent wirkt und der „niedrige Gebirgszug" Ural,[13] keine „wahre" Grenze darstellt. Die früh-geschichtlichen Wanderungen ur-indoeuropäischer oder protoindoeuro-päischer Gruppen aus dem Gebiet südrussischer Steppen zwischen Dnjepr und Wolga in den Süden, Westen, Osten und Norden von Europa aber *auch nach Indien* hinein (Kurgan-These von Marija Gimbutas z.B.), zeigen, dass eine ur-indoeuropäische Migration vom „heutigen" Europa aus in das „heutige" Asien auch vor ca. 6000 Jahren nicht an natürlichen Grenzen scheiterte, weil es sie, wie auch heute noch, eben nicht gab.

So erreichten protoeuropäische Arier, eine Bezeichnung, die durch zweifel-hafte rassistische Theorien der Nationalsozialisten „unwissenschaftlicher-weise" in Verruf geraten ist, um etwa 2000 v. Chr. den indischen Sub-kontinent. Ihre religiösen Vorstellungen sind in den älteren Schichten der *Veden* bis heute erkennbar.

Doch die biologischen, historischen und kulturellen Unterschiede zwischen den Völkern und den von ihnen gegründeten Staaten auf der gigantischen

---

[12] Klaus Zernack," Polen und Russland", S.22, Ergänzungsband Propyläen Geschichte Europas,1994

[13] „Was ist Eurasismus?", Eurasisches Magazin, 2002

Fläche des **größten zusammenhängenden Territoriums der Erde**[14] bleiben dennoch evident.

Seit Jahrtausenden gibt es Beziehungen im Geistlich-Kulturellen, Wissenschaftlichen und Wirtschaftlichen zwischen „Europa" und „Asien" und diese Beziehungsgeschichte bildet die Grundlage der euro-asiatischen Vergangenheit, Gegenwart und Zukunft. Die russischen Bemühungen zum Aufbau einer **„Eurasischen Wirtschaftsunion"** (EAWU), die Anfang 2015 ihre Arbeit aufnehmen will und an der bisher neben Russland auch Belarus, Kasachstan und bald auch Armenien teilnehmen, ist, *noch mit der Betonung auf Wirtschaft*, in diesem Zusammenhang zu verstehen. Sie ist bewusst auch offen für weitere Teilnehmer. Das dabei auch *geopolitische* Ziele angestrebt werden, ist eine logische Konsequenz aus der US-amerikanischen Einkreisungspolitik (Zbigniew Brzezinski)[15] gegenüber Russland. Demzufolge bleibt das **Ziel der USA**, wie wir deutlich an der „Ukraine-Krise" sehen, **die Verhinderung eines zusammenarbeitenden West-Ost Europäischen Wirtschaftsraumes**, das aus den stärksten und exportorientierten *westeuropäischen* kontinentalen Staaten, aus *mittel-osteuropäischen* „Transit"-Ländern und *Russland* mit den anderen Teilnehmern der Eurasischen Wirtschaftsunion, bestehen könnte. Der Aufbau **eines solchen geographisch natürlichen Wirtschaftsraumes** würde auch über die größten Öl-und Gasreserven der Welt verfügen. Angesichts der eklatanten „westlichen" Schuldenkrisen, die durch ihr weitergehendes Anwachsen auch tiefergehende ökonomische, soziale und kulturell-identitäre Krisen nach sich ziehen, Krisen, die sich eher noch verschärfen können, bleiben doch erhebliche Zweifel, ob die Aufrechterhaltung des genannten US-

---

[14] Eurasisches Magazin 2002
[15] Die einzige Weltmacht: Amerikas Strategie der Vorherrschaft, Beltz, 1997

amerikanischen Ziels in Form eines polit-PR-vorgespielten *„Business as usual"* weiterhin vonstattengehen kann.

Wahrscheinlich nicht!

Die westlichen politischen „Eliten" wollen dem offensichtlichen „Gewitter", von dem einige böse Verschwörungstheoretiker glauben, es sei bewusst herbeigeführt, entgehen, in dem sie so schnell wie möglich eine, *von den betroffenen Bevölkerungen nicht gewählte,* übernationale „europäische" Wirtschaftsregierung, möglichst unter Führung ehemaliger „Goldman-Sachs-Manager" etablieren, um dann, im weiteren Schritt, die *„alternativlose"* Gründung der **Vereinigten Staaten von Europa** auszurufen.

Selbst wenn das, wahrscheinlich mit Verfahrenstricks, unter Ausschaltung, bzw. Umgehung EU-europäischer Referenden, gelingen würde, **wird dieses Gebilde schnell zugrunde gehen**, weil es aus denselben Krankheiten bestünde, die heute bereits die „transatlantische Nato-EU" in sich trägt und die wir hinlänglich versucht haben zu beschreiben.

Zur Herausbildung eines von *transatlantischen Verbindungen emanzipierten* west-osteuropäisch-asiatischen gemeinsamen Wirtschaftsraumes wird es so plötzlich auch nicht kommen können, nicht nur, weil es zuerst einmal ein krachendes Scheitern der EU voraussetzt, sondern auch, weil Russland durch die sowjetkommunistische Vergangenheit in Mittel- Ost –u. Südosteuropa, besonders aber in den „neuen" östlichen Nato-und EU-Ländern, keine große Anziehungskraft besitzt und nicht über ein entsprechendes Vertrauen verfügt. Es liegt an Russland, diesen Ländern „ihre Angst" zu nehmen. Dieses wird, wenn es Russland ernsthaft darum ginge, umso möglicher werden, je mehr die Wurzeln der auch sie betreffenden Krisen dem „amerika-freundlichen" Nato-EU-Osten bewusster werden.

Natürlich wird Europa weiter bestehen. Die europäischen Völker werden weiterhin deutsch, französisch, finnisch, polnisch, russisch usw. sprechen und sich weiterhin als Nationen mit eigener Geographie und Geschichte verstehen. Es gibt keinen Anlass, dies ernsthaft zu bestreiten.

Ob allerdings in Europa die transatlantische EU und der kontinental-europäische Teil des Natobündnisses Bestand haben werden, ist nicht so eindeutig zu beantworten.

Pamerkys und Wien, im Frühjahr 2014

Vortrag, gehalten am 15. Februar 2013 in Königsberg,
veranstaltet von der Königsberger Abteilung
der Russischen Akademie der Wissenschaften.

Zur Jugendarbeitslosigkeit und zu anwachsenden sozialen Problemen in der EU

In großen Teilen des heutigen Europa ist die Jugend nicht nur nicht zu beneiden, sondern nur zu bedauern. Die Jugendarbeitslosigkeitsquote (Zahlen von November 2012) der 15-24 Jährigen liegt in Griechenland bei 57,6%, für junge Frauen gar bei 66,1% (!) in Spanien bei 56,6%, in Portugal bei knapp 39%. Diese Zahlen sind durch die Finanzkrisen der Banken und Staatsbudgets dieser Länder verhältnismäßig bekannt, doch sind auch Länder wie Italien, 37,1%, Irland 30%, Frankreich 27%, Schweden 25%, ja selbst Luxemburg mit knapp 19% alles andere als problemlos. Die Statistikagentur der EU, EuroStat, gibt auf Anfrage vom 8. Januar dieses Jahres bekannt, dass knapp ein Viertel aller Jugendlichen im arbeitsfähigen Alter in der Europäischen Union arbeitslos sind!

In den „reicheren" Nordländern der EU, wo noch Geld von außen, also Schuldengeld, zu niedrigen Zinsen, oder wie im Fall Deutschlands sogar mit negativen Zinsen, aufgenommen werden kann, um Sozialsysteme zu bezahlen, die unter anderem für innere Ruhe sorgen sollen, ist noch kein gesellschaftlicher Aufruhr zu vermelden. In Griechenland und Spanien allerdings ist es sehr wohl schon zu gewaltsamen Ausschreitungen gekommen, die sich mit ziemlicher Sicherheit wiederholen und verstärken werden, wenn Transferzahlungen in Zukunft aus dem Norden ausbleiben sollten. Durch Aufnahme neuer Staatsschulden der Nordländer des Euro und Transferierung bedeutender Teile dieser Gelder als Alimentierung des Euro-Südens würde zwangsläufig der Norden geschwächt und die Ansteckungsgefahr sozialer Unruhen in den Norden hinein wüchse auf gefährliche Weise. Gerade auf diesem Weg befindet sich die Euro-EU-Elite, diese Mischung aus einem Großteil Regierungsverantwortlicher, EU-Funktionäre und globaler Wirtschaftsplayer, die von einer Vielzahl willfähriger Medien- u. Kulturmacher unterstützt werden. In der Bundesrepublik Deutschland beispielsweise zählen sich über 40% der Journalisten von Presse, Funk und Fernsehen zu Sympathisanten der EU-vereinigungswütigen Grünen, 20% zu Sympathisanten der in dieser Frage den Grünen nicht dahinterstehenden Sozialdemokraten. Mit dieser überwältigenden Mehrheit wird tagtäglich Meinung „gemacht".

Warnungen aus berufenem Munde, wie kürzlich in der renommierten dänischen Tageszeitung *Politiken* (Dänemark ist übrigens nicht Mitglied der Eurozone) in welcher der Generaldirektor des Internationalen Komitees vom Roten Kreuz (IKRK) in einem Interview Anfang Januar dieses Jahres ausdrücklich vor Unruhen in der EU warnte, sind in den Medien selten anzutreffen. Rotkreuz-Generaldirektor Yves Daccor hob in diesem Interview hervor, dass Millionen von Europäern, die bisher in vergleichsweisem Wohlstand lebten, Probleme haben, ihre elementarsten Bedürfnisse zu befriedigen. „Erstmals in der Geschichte stoßen die lokalen Komitees in Europa auf die Notwendigkeit, Hilfe auf die Bürger der eigenen Länder und nicht die anderer Kontinente zu konzentrieren", sagte Daccor. In Spanien z.B. unterstützt das IKRK 300.000 „extrem gefährdete Menschen", so der Rotkreuz-Generaldirektor, der weiter ausführte, dass nach den neuesten Daten des EU-Statistikamtes EuroStat fast 120 Millionen EU-Bürger unterhalb der europäischen Armutsgrenze leben und es deshalb nicht auszuschließen sei, dass eine Welle gesellschaftlichen Aufruhrs durch die EU-Länder rollen könnte, ähnlich dem Arabischen Frühling in Nordafrika. Er rechne zwar nicht damit, dass es in Europa „zu einem vollumfänglichen

Bürgerkrieg" kommen werde, „aber ich glaube, dass wir uns hier auf Gewalt einstellen müssen", so Yves Daccor.

Schöne Perspektiven für unsere Jugend auf unserem Kontinent? Und nicht nur für die Jugend…

Kommen wir noch einmal zurück auf die jungen Arbeitslosen in Spanien, Italien, Griechenland und Portugal. Die meisten von ihnen leben im „Hotel Mama", das heißt bei ihren Eltern. Und das bis zu einem Lebensalter von 34 Jahren! In Griechenland betrifft das zum Beispiel 62 Prozent dieser Altersgruppe. Die genannten Länder sind immer noch stark christlich geprägt und die Familie spielt dort (Gott sei Dank!) immer noch eine bedeutende Rolle. Sie übernimmt wichtige Sozialfunktionen, sonst sähe es in diesen Süd-Euroländern mit Sicherheit um einiges unruhiger aus.

Wo kommt die Krise in Europa her? Ist es nur eine Finanz, -Banken- u. Schuldenkrise oder steckt mehr und Tiefergründiges dahinter?

Rein zeitlich und geographisch gesehen hat diese Krise ihren sichtbaren Ausbruch in den USA erlebt, mit dem   Zusammenbruch des global handelnden Finanzgiganten *Lehman Brothers* und   dem Platzen der amerikanischen Immobilienblase, der Rettung der Hypothekenriesen *Fannie Mae* und *Freddie Mac.*

Auf der einen Seite standen (und stehen?) geldgierig-gewinnsüchtige Finanzjongleure und Produkt-wie Absatzmanager nicht unbedingt notwendiger und nützlicher Waren und Dienstleistungen und auf der anderen Seite standen (und stehen?) konsumberauschte Massenbürger, die einem Dauerfeuer der direkten und versteckten Werbung unterliegen.

Kreditfinanzierte Konsumwünsche stürzten Privatpersonen und leichtfertig kreditgebende Banken in jene Situation, in der sich die Wirtschaft mittlerweile nahezu weltweit befindet. Mitschuld sind natürlich jene großen Staaten, die „billiges Geld" durch ihre Zentralbanken über die überwiegend privaten Geschäftsbanken zur Konjunkturankurbelung und somit zum sogenannten Wirtschaftswachstum pumpten. Man denke dabei nur an die immense Staatsverschuldung der USA und ihre immer weiter höher gehängte Neuverschuldung zur Verhinderung des Staatsbankrottes.

Die Kultur des Schuldenmachens durch die private und öffentliche Hand ist eine typisch angelsächsische und hat historische Wurzeln, die im einzelnen zu erklären jetzt hier den Rahmen sprengen würde. Sie ist auf jeden Fall im Unterschied zu den alten kontinentaleuropäischen Staaten wie z.B. Preußen, Österreich, Russland und später das Deutsche Reich.

Eine Zäsur in der Art des Wirtschaftens brachte für den kontinentalen Teil Westeuropas letzlich das Ergebnis des 2.Weltkrieges, der den Beginn der anhaltenden Hegemonie der USA über Westeuropa brachte.

Waren anfänglich Sicherheits-und militärpolitische Aspekte gegen die Ausbreitung des stalinistischen Kommunismus vordergründig, so dürfen doch auch die wirtschaftspolitischen nicht unterschätzt werden. Die USA wollten gleich nach Kriegsende, so schnell wie möglich „die Schaffung supranationaler (europäischer) Institutionen, die auf der Basis von Mehrheitsentscheidungen operieren, wenn es um spezifische, ökonomische, soziale und vielleicht andere Probleme geht", wie 1949 Dean Acheson, der Nachfolger im Amt des amerikanischen Außenministers George Marshall, sagte.

Gedankliche Vorläufer dieser Hegemonialkonstruktion sind beim Angelsachsen Sir Winston Churchill bereits 1930 zu finden, als er für die amerikanische Saturday Evening Post schrieb: „Das Konzept der Vereinigten Staaten von Europa ist richtig". Er bezog sich dabei auf das Vorbild der USA in Bezug auf die wirtschaftliche Dynamik, die Verbindung von Wissenschaft und Organisation und den großen Absatzmarkt. Später, als Kriegspremier gegen Hitler rief er in seiner berühmten Radioübertragung 1943 zum Nachdenken über die „höchstmögliche Integration" Europas auf. Am 19. September 1946 sprach er in der Universität von Zürich über „ein Projekt, das wir jetzt beginnen müssen…Wir müssen ein Art von Vereinigten Staaten von Europa aufbauen…"

Die Verbindung der verteidigungspolitischen und wirtschafts-, finanz- sowie sozialpolitischen Ziele der USA in Westeuropa führte bald zum Begriff des Transatlantismus als alternativlose Politik gegenüber dem kommunistisch gewordenen Osten des europäischen Kontinents.

Dieser Transatlantismus, der in der Phase des Kalten Krieges in Europa seine Berechtigung nicht verfehlt hatte, hat neben den Verteidigungsaspekten der 1949 gegründeten „North Atlantic Treaty Organization", NATO, aber auch andere Verhaltens-und Denkmuster aus „Übersee" nach „Good Old Europe" gebracht, die im Zuge der Jahrzehnte aus dem westlichen Kontinentaleuropäer einen globalisierungsgläubigen Konsumenten gemacht haben, dem die alten europäischen, christlich geprägten Werte scheibchenweise abhandengekommen zu sein scheinen.

Neben dem Konsumerismus, dem Warenfetischismus, dem Geltungskonsum und der Kaufsucht, etablierten sich im Westen Europas über die

USA kommend alsbald auch zunehmend Bereiche die große Anziehungs-kräfte auf die Jugend hatte: die Popkultur, die Hippiebewegung, die Emanzipationsbewegungen im Sexualverhalten (Kinsey-Report) die zur sog. sexuellen Revolution führten , die Legalisierungstendenzen von Drogen, die Antikriegsbewegung in den USA, die Ermordung von Martin Luther King, die Antirassismus-, Frauen-und Schwulenbewegung, usw.

All diese Bereiche hatten natürlich erheblichen Einfluss auf die sog. 68er Generation, die nach ihren revolutionären Misserfolgen den Gang durch die „Institutionen" von Staat, Kirchen, Justiz und Medien beiderseits des Atlantiks angetreten waren.

In Deutschland und Österreich gesellte sich zum sich herausbildendem Amalgam der konsumistischen Massengesellschaft mit den Zeitgeist-strömungen der sogenannten Emanzipationsbewegungen, auch noch die „untilgbare Auschwitz-Schuld" hinzu, vom Grünen Joschka Fischer hoch-stilisiert zur Staatsräson Deutschlands.

Die antibürgerlichen, antireligiösen und antifamiliären Reflexe einer ursprünglich eher linken Szene wurden im Laufe der letzten Jahrzehnte zunehmend gesellschaftsfähiger, fanden Eingang in Film, Literatur, Theater, in die Gesellschaftswissenschaften, in die Feuilletons der Redaktionen, in die Programme parlamentarischer Parteien, letzlich auch in die Wirtschaft, die den egalisierten, gegenderten, durchglobalisierten Konsumenten beileibe nicht verachtet. Man sehe sich nur den in Deutschland ausgestrahlten TV-Spot des internationalen Möbelverkäufers IKEA an, wo eben noch ein Mann mit einem Mann homosexualistisch turtelt und kurz nachdem eine Frau den

Raum betritt, dieser anfängt mit ihr zu flirten. Perfekter Gender Mainstreaming. Hauptsache IKEA verkauft!

Was auf dem westlichen Teil unseres Kontinents 1945 ursprünglich mit einem libertären angelsächsischen Wirtschaftsverständnis, in Verbindung mit dem Verteidigungssystem der NATO begann , hat sich meines Erachtens so weitgehend deformiert, dass es auf gar keinen Fall ein Vorbild für den östlichen Teil unseres Kontinents mehr darstellen kann und auch im Westen der Jugend keinerlei der ideellen, typisch europäischen Werte mehr zu vermitteln imstande ist.

Nach dem Ende des Kommunismus im Osten, dem Ende des Warschauer Paktes, der Wiederherstellung der staatlichen Souveränität vieler sogenannter Ostblockländer, der Anerkennung der Unrechtmäßigkeit des Hitler-Stalin-Paktes und Anerkennung der Wiederherstellung der Eigenstaatlichkeit der baltischen Staaten, um nur einige wichtig Beispiele zu nennen, ist natürlich auch die militärische Bedrohung einer kommunistischen Machtausdehnung durch die ohnehin nicht mehr existente Sowjetunion hinfällig.

Von den beiden ursprünglichen Säulen des Transatlantismus: der angloamerikanischen Wirtschaftsweise, besteht die eine, die ökonomische, mehr schlecht als recht und die andere Säule, der militärische Schutz vor der kommunistischen Militärbedrohung, ist bedeutungslos geworden.

Ist die Zeit für einen Kontinentalismus wieder reif, reif für eine primär aus der europäischen Lebensweise schöpfende Zukunftsgestaltung unseres Kontinents?

Die Frage lohnt sich zu diskutieren.

Der europäische Kontinentalismus hat sein Fundament in der jahrtausendealten historischen Entwicklung der verschiedenen Völker. Es gründet in besonderer Weise auf dem Christentum, das wiederum den Einfluß der Antike nicht verleugnet und als natürliche Grundlage für seine sich herauskristallisierten Staaten die einheitliche Nation ansah, die Kulturgemeinschaft gleicher Abstammung und gleicher Sitte. Diese Herkunft und Identität hindert die europäischen Staaten und Nationen nicht in wirtschaftlicher, wissenschaftlicher, kultureller und sicherheits-politischer Weise engstens zusammenzuarbeiten um auch auf diese Art für das Gemeinwohl seiner Völker zu sorgen, ohne allerdings dem einzelnen Bürger die Initiative und eigene Vorsorge abzunehmen. Christliches Staatsverständnis war es immer nur dort staatlich einzugreifen, wo es im Interesse des öffentlichen Wohles nötig ist und die Einzelkräfte versagen. Für zentralistischen Eurobürokratismus, der die Krümmung der Banane reglementiert und für einen globalgestylten Einheitskonsumentenbürger der One Brave World ist im alteuropäischen Staatsverständnis kein Platz.

Die katastrophale demographische Situation der europäischen Völker schreit nach der Stärkung der Familie, schreit nach Nachwuchs und nicht nach Abtreibung! Die Forderungen nach Aufwertung homosexueller Partner-schaften zur „ Ehe" ist ein unmöglicher Akt. Die Ehe ist ein Sakrament zwischen Mann und Frau und kann gar nicht auf homosexuelle Menschen ausgeweitet werden!

Das gezielte massenweise Hineinlassen islamischer Menschen in die Länder Westeuropas zum Ausgleich fehlender eigener Kinder ist eine totale Bankrotterklärung der politischen Elite des weißen Europäers!

Die Situation in der sich die europäischen Völker mittlerweile befinden, befördert Gott sei Dank die Einsicht in den Willen zur Zusammenarbeit zwischen der katholischen Kirche und der christlichen Orthodoxie und auch mit besorgten Christen anderer Konfessionen. Dieser Weg muss weitergegangen und vertieft werden!

Vortrag, gehalten am 6. November 2014 in Wien,
veranstaltet vom Wiener Akademikerbund

Gibt es einen neuen Kalten Krieg?

Analyse der geopolitischen Situation und der transatlantischen Abhängigkeiten

Den Begriff des Kalten Krieges kennen wir aus der unmittelbaren WK2-Nachkriegszeit, als jenes überaus deutlich wurde, was realistischerweise zu erwarten war, nämlich das jähe Ende der 1941 installierten politischen und militärischen Zusammenarbeit zwischen den kapitalistischen, zuvorderst anglosächsischen Siegermächten und der kommunistischen Sowjetunion, nach der erfolgreich erstrebten Niederringung Nazideutschlands.

Diese Zusammenarbeit beruhte von Anfang an auf unüberwindlichen ideologischen Widersprüchen und war nur möglich, weil der deutsche Angriff gegen die Sowjetunion Tür und Tor für so eine Allianz schuf, wobei, wollte sie erfolgreich sein, sie *geopolitisch nützlich* für die gegensätzlichen Allianzpartner sein musste.

Dieser partnerschaftliche Nutzen wurde ausgehandelt auf den Konferenzen von Moskau (30.10.1943), Teheran (1.12.1943), Jalta (Februar 1945) und letztlich, schon nach Kriegsende in Europa, in Potsdam vom 17.7. bis 2.8.1945.

Das Ende jener Zusammenarbeit begann mit Worten bereits wenige Tage nach der Kapitulation vom 8. Mai 1945, als sich Churchill am 12. Mai in einem Telegramm an US-Präsident Truman „zutiefst beunruhigt" über die Lage in Europa zeigte, die, so empfand er es, falsche Auslegung der Beschlüsse von Jalta durch die Russen beklagte, die militärische Schwäche der Franzosen bekundete und die Stärke der sowjetischen Divisionen herausstrich. Interessanterweise kopierte Churchill in diesem Telegramm die Formulierung vom „**Heruntersenken eines Eisernen Vorhanges**" von Reichspropagandaminister Josef Goebbels, die jener nur zweieinhalb Monate vorher, am 25. Februar 1945 verwendete, als er voraussagte, was geschehen werde, wenn die Ergebnisse von Jalta Realität würden. Es ist wohl anzunehmen, dass nicht nur der Herr Nazireichspropagandaminister zu solchen Rückschlüssen fähig war, sondern dass auch den Herren Truman, Churchill und Stalin ganz klar war, was auf Europa zukommt.

Der sogenannte „kleine Mann", hier allerdings im Plural, wusste es allemal, denn er war seit Ende 1944 zu Abermillionen auf der Flucht, *meist von Ost nach West*, ohne die Vertragseinzelheiten der Alliierten im einzelnen zu kennen, die ihn auch nicht interessierten, da es ihm um das nackte Überleben ging.

Nun, gleich nach der bedingungslosen Kapitulation Deutschlands, war die Zeit der Rechnungslegung jener Kraftanstrengung gekommen, welche die total gegensätzlichen politischen Systeme von „West und Ost" im Kampf gegen die Achsenmächte für einige wenige Jahre zusammenbrachte.

Die Rechnung war jedem klar: die Teilung Europas in West und Ost, die planerisch bereits 1941 durch die USA und Großbritannien begann, nachdem Deutschland die Sowjetunion angriff und so erst die ideologisch *eigentlich unmögliche* Zusammenarbeit zwischen Kapitalismus und Kommunismus ermöglichte. Der Preis für diese „Unmöglichkeit" dürfte den anglosächsischen Kriegsmächten absolut klar gewesen sein, auch wenn es späte interne Wehklagen gegeben hat, wie z.B. der durch Undurchführbarkeit abgewiesene britische Geheimplan „Operation Unthinkable", der, wie es hieß „die Bedrohung der westlichen Zivilisation durch Russland" durch militärisches Zurückwerfen der Roten Armee verhindern sollte. Churchills telegraphisches Lamentieren gegenüber Truman, nach der deutschen Kapitulation über die sowjetische Rolle, klingt darum nicht sehr überzeugend und war wohl mehr für eine zukünftige gute Wirkung in der Öffentlichkeit bestimmt, die auf die unweigerlich bevorstehende Trennung der anglosächsisch-sowjetischen Partnerschaft vorbereitet werden musste.

Der „Kalte Krieg" begann und die Meilensteine heißen Berlin Blockade (1948), die Gründungen zweier deutscher Formalstaaten mit geringer völkerrechtlicher Souveränität (1949), die Gründung der NATO 1949 und - immerhin erst 6 Jahre später - die Gründung des Warschauer Paktes 1955.

Die tiefe Unzufriedenheit der Menschen besonders im kommunistisch beherrschten Mittel- u. Osteuropa *mit ihrer nicht freiwillig gewählten Zuordnung zum „Ostblock"* zeigte sich am Arbeiteraufstand in Ostberlin und anderen Orten der sogenannten DDR am 17. Juni 1953, an den polnischen Unruhen in Posen im Juni 1956 und natürlich am ungarischen Volksaufstand vom Oktober 1956. Der Bau der Berliner Mauer 1961 dürfte auch nicht gerade als Erfolgsmodell für die Attraktivität des realen Sozialismus gegolten haben, ebenso wenig wie der Einmarsch von Warschauer Pakt-Staaten, der das Ende des Prager Frühlings 1968 herbeiführte.

Jener Kalte Krieg wurde auch **„Ost-West-Konflikt"** genannt und dieser Begriff hatte seine berechtigte Bedeutung darin, dass der als *diktatorisch* angesehene Machtbereich der Sowjetunion sich enorm in Richtung Westen erweitern konnte. Eine „noch weitergehende" Erweiterung der kommunistischen Machtbasis in den Bereich des Westens, zum Beispiel nach Italien oder Frankreich hinein, wo es starke, aber noch in parlamentarischer Minderheit befindliche kommunistische Parteien gab, sollte auf jeden Fall verhindert werden, darin waren sich politische Führung und die Mehrheitsbevölkerung in Westeuropa einig. Die meisten Menschen im *amerikanischen Machtbereich* Europas zogen das politische System des Parlamentarismus und der Marktwirtschaft dem sowjetischen Staats-und Wirtschaftsmodell eindeutig vor.

Neben diesem Sachverhalt bestand in der unmittelbaren Nachkriegszeit zudem die reale Gefahr kommunistischer Machtübernahmen in Persien und Griechenland.

Das europäische allgemeine Interesse in der Nachkriegszeit galt verständlicherweise erst einmal dem Wiederaufbau der kriegszerstörten Gebiete, dem Heben der Sozial-und Wirtschaftsordnung, der Fortentwicklung von Kultur, Bildung und Wissenschaften *und nicht* der Analyse inwieweit die anglosächsischen Siegermächte situationsbedingte Mitgestalter der Europäischen Teilung waren. Der Alleinschuldige war ohnehin ausgemacht: Deutschland! An dieser Situation hatte sich bis zum sogenannten „Historiker – Streit", der 1986 seinen Ausgangspunkt nahm, nichts Wesentliches geändert. Ernst Nolte ist es in erster Linie zu verdanken, dass eine breit diskutierte Bewegung in diese zementierte und nicht unbeträchtlich fremdgestaltete Meinungsbildung kam, die jahrzehntelang medial und auch sonst auf wenig Widerstand stieß und auch heute noch mit vielen Tabus belegt zu sein scheint, weil in diesem 1. Kalten Krieg der Nachkriegszeit viele ideologisierte Fundamente gelegt wurden, die bis heute Wirkung zeigen.

So initiierte und finanzierte zum Beispiel der amerikanische Geheimdienst CIA ab 1950 den *Congress for Cultural Freedom, CCF,* mit dem Ziel *linksliberale Intellektuelle,* und auch sonst bekannte europäische Schriftsteller und Kunstschaffende für eine transatlantische Position zu gewinnen, beziehungsweise zu bestärken. Bis 1969 finanzierte dieser *Kongress für kulturelle Freiheit* zum Beispiel in Deutschland Schriftsteller wie Heinrich Böll und den erst vor wenigen Wochen verstorbenen Siegfried Lenz, aber auch Zeitschriften wie *Der Monat,* in welchem Melvin Lasky, André Gide und Arthur Koestler schrieben oder *FORUM,* mit Friedrich Torberg als Autor. Zu nennen wären noch *Tempo Presente* mit Ignazio Silone und *Preuves* mit François Bondy und Raymond Aron als Autoren. Es ist darum überhaupt nicht verwunderlich, dass diese, auch heute noch in vielen einflussreichen Intellektuellenkreisen und Redaktionsstuben mit Respekt behandelten Personen, ihren Einfluss auf spätere Generationen abgaben und bis heute in diesen Kreisen geistige Spätwirkungen zeitigen. Insofern ist nicht einmal der 1. Kalte Krieg ganz abgeebbt! Man merkt es übrigens an der auffälligen Dichotomie zwischen Redaktionen und der Leser-/Hörer-/Zuschauerschaft vieler bekannter Massenmedien in Bezug auf die Ukraine-Krise, Russland, dem Transatlantischem Freihandelsabkommen TTIP *(Transatlantic Trade and Investment Partnership)* oder an der unkritischen Begeisterung vieler Redaktionen für die EU, deren ursprüngliche Vorläufer ja ebenfalls ein Produkt der amerikanischen Geheimdienste CIA und OSS (Office of Strategic Services) waren.[16]

Welch direkte Weisungsmacht die USA bis zum heutigen Tag auf die EU und insbesondere auf den Hauptfinanzier der EU, die Bundesrepublik

---

[16] Siehe Ausführungen im Aufsatz „Gedanken zu einem europäischen Kontinentalismus" (S. 21ff in diesem Buch)

Deutschland, ausübt, macht eine Rede von US-Vizepräsident Joe Biden, dessen Sohn direkte finanzielle Interessen an der Energiewirtschaft der Ukraine hat, vom 2. Oktober dieses Jahres (2014) an der Harvard-Universität deutlich, auf welcher er frei zugab, dass *US-Präsident Obama, nachdem er die Zögerlichkeit der Europäer ankreidete,* **darauf bestanden habe, dass die EU wirtschaftlichen Schaden nehme,** um die Russen zu bestrafen. Die EU hat daraufhin Sanktionen beschlossen.

Wie die Sprecherin von *Cathrin Ashton* mitteilte, erfolgte der Sanktions-beschluß allerdings „autonom"… Nun, denn.

Der 1. Kalte Krieg geht mit der Zementierung des **Transatlantismus** auf dem westlichen Teil unseres europäischen Kontinentes einher, der bisher einen permanenten Prozess der Substitution genuin europäischer Werte durch jene des Amerikanismus darstellt und der in erster Linie einen ebenfalls von dort kommenden Relativismus einführte, der mittlerweile, sollte er nicht gestoppt werden, auf dem Wege zu einem „**absoluten**" mutiert.

Bemerkenswert ist, dass die USA zur Zeit der Etablierung des *Kongresses für kulturelle Freiheit* **im eigenen Lande** die McCarthy-Ära über sich ergehen ließ. Man könnte es für einen Widerspruch halten: in Europa die US-Finanzierung und Lancierung linksliberaler Kräfte und im eigenen Lande deren Verfolgung. Die Gefahr einer gewissen geopolitischen kommunistischen Ansteckung war aber realistischerweise nur in Europa gegeben, und weil man bereits während des Zweiten Weltkrieges mit den linken Netzwerken der oft jüdischen Emigranten aus Europa, wie zum Beispiel Herbert Marcuse, zusammenarbeitete, wäre ein Abbruch dieser, dazu noch geheimen, Zusammenarbeit nicht nur nicht nötig, sondern, interessenspolitisch gesehen, schlicht falsch gewesen.

Die allgemeine amerikanische Zustimmung zur McCarthy-Ära zeigt allerdings auch, wie sehr breite Bevölkerungsschichten der US-Einwohnerschaft die unnatürliche Zusammenarbeit ihrer Staats- und Verteidigungsorgane mit der stalinistischen Sowjetunion zur Zeit des 2. Weltkrieges gefühlsmäßig abgelehnt hatten. Zur schnellen Durchsetzung einer Ideologie des Kalten Krieges kamen deshalb die verschiedenen parlamentarischen Untersuchungsausschüsse und Komitees, wie zum Beispiel das *House, Un-American Activities Committee* des US Repräsentantenhauses, wo sich u.a. Richard Nixon hervortat, völlig zupass.

Führende europäische Politiker wie zum Beispiel Konrad Adenauer oder Charles de Gaulle hatten möglicherweise keine tiefere Kenntnis von der faktischen Führung des *Kongresses für kulturelle Freiheit* in Europa durch die CIA.

Das nur Wenigen bekannte US-Monatsmagazin *Ramparts* brachte 1967 einen Artikel über die CIA-Verbindung zum Kongress und die ebenfalls in den USA erscheinende *Saturday Evening Post*, die wegen Auflagenschwunds 1969 eingestellt werden musste, veröffentlichte diese Meldung ebenfalls.

Ansonsten blieben diese Erkenntnisse einer breiten europäischen Öffentlichkeit völlig fremd und sind es wohl auch heute noch!

Kommen wir zur anderen Seite, zur Sowjetunion.

Die sowjetischen Hauptaktivitäten im 1. Kalten Krieg waren, chronologisch gesehen, die Weigerung der UdSSR sich vereinbarungsgemäß nach Beendigung des 2. Weltkrieges aus Persien zurückzuziehen, nachdem am 25. August 1941, zwei Monate nach dem deutschen Angriff auf die Sowjetunion, eine abgesprochene anglo-sowjetische Militärinvasion einer deutsche Beherrschung des höchst wichtigen erdölproduzierenden Landes zuvorkommen sollte. Stalin installierte 1946 gar eine kurdische Volksrepublik Mahabad, obwohl 1943 in Teheran und nochmals in Potsdam 1945, der Abzug alliierter Truppen aus Persien mit Zustimmung der Sowjets beschlossen wurde. Nach Unterlagen des persischen Geheimdienstes soll die Sowjetunion letztlich einen kommunistischen Umsturz in Teheran geplant haben. Dieser Hintergrund macht klar, wie gefährlich diese Entwicklung für die Westmächte war, es zeigt aber auch überdeutlich, wie viel Risiko eingegangen werden musste, um zu einer anglosächsisch-sowjetischen Allianz gegen Hitler zu kommen. Erst die Drohung von US-Präsident Truman nötigenfalls *Atombomben* einzusetzen und diverse Resolutionen der eben gerade gegründeten Vereinten Nationen zwangen Stalin 1946 zum Rückzug aus Persien, nachdem er in Verhandlungen erreichte, dass eine sowjetisch-persische Erdölfördergesellschaft gegründet werden sollte, die dann aber, nach Abzug der sowjetischen Truppen, vom persischen Parlament abgelehnt wurde. An ihrer Stelle wurde ein neuer Konzessionsvertrag mit der Anglo-Iranian Oil Company geschlossen und gleichzeitig erlaubte die iranische Regierung die Errichtung einer US-amerikanischen Militärmission. Dass Stalin sich „hereingelegt" fühlte, dürfte klar sein und das britisch-amerikanische Vorgehen in der Irankrise von 1945/46, wie natürlich auch der vorangegangene sowjetische Versuch sich der persischen Erdölförderung zu bemächtigen, gelten zurecht als erster Auslösungsfaktor des Kalten Krieges.

Am 24.6.1948, nach Einführung der Währungsreform in den Westzonen des besetzten Deutschlands, verhängte die sowjetische Führung die sog. *Berlin Blockade*, angeblich, weil sie die Überflutung ihrer Ostzone mit Altbeständen der Reichsmark befürchtete. Tatsächlich bedeutete das aber für die 2,2 Millionen Westberliner das völlige Abschneiden ihrer Versorgung, da sämtliche Land- und Wasserwege, auch der Güterverkehr per Zug, militärisch blockiert wurde. Es gab keinen Lebensmittelnachschub, ja anfänglich nicht einmal elektrischen Strom, weil ein Hauptkraftwerk im sowjetischen Sektor Berlins lag und dieses die Verbindung nach Westberlin einfach abschaltete.

Die alliierten Westmächte übernahmen die komplette Versorgung Westberlins per Luft, die sogenannte Berliner Luftbrücke wurde eingerichtet und die Flugzeuge netterweise Rosinenbomber genannt. Es war ein voller Sympathieerfolg der Westmächte, eine Welle aufrechter Dankbarkeit an die „Tommies" und „Amis", wie man die britischen und amerikanischen Besatzer bezeichnete, durchzog ganz Deutschland, und der „Iwan", wie man das sowjetische Pendant im besetzten Osten Deutschlands nannte, stand propagandistisch nicht gut da: ein voller Misserfolg Stalins!

Am 29. August 1949 wurde die Sowjetunion Atommacht, und dieses Datum kann als Beginn eines atomaren Rüstungswettlaufs gelten.

Mit dem Transport des weltweit ersten Satelliten in die Erdumlaufbahn, *Sputnik 1,* am 4. Oktober 1957 durch die *Interkontinentalrakete R 7,* bewies die Sowjetunion, dass sie in diesem Bereich technologisch sehr weit entwickelt und zeitlich den Amerikanern voraus war, und setzte die USA unter starken Zeitdruck im Rüstungswettlauf. In der Folge wurden ab 1959 die US Mittelstreckenraketen *Jupiter* in Italien und in der Türkei gegen die UdSSR in Stellung gebracht, und 1962 in der Türkei zusätzlich *Thor*-Raketen installiert.

Ein Höhepunkt dieses Wettlaufes war im Oktober 1962 dann eine Art Antwort der Sowjets in Form der Installierung sowjetischer Mittelstreckenraketen auf Kuba.

Die Kubakrise zeigte der Welt in erschreckender Weise, **dass ein Atomkrieg zwischen Ost und West ausbrechen kann, wenn die eine Macht der anderen lebensbedrohlich nah an den Pelz rückt.**

Die Vernunft siegte, und russische Schiffe, die weitere Raketenteile nach Kuba transportierten, drehten, bevor sie auf eine Seeblockade amerikanischer Kriegsschiffe gestoßen wären, ab. Stunden vorher einigten sich in Geheimverhandlungen Sowjets und Amerikaner auf den Abzug amerikanischer Raketenstellungen aus der Türkei und dass keine amerikanische Invasion auf Kuba stattfinden wird.

In der Folge dieser Krise veränderten die USA ihre Militärstrategie von der *massiven atomaren Vergeltung* hin zu einer *flexiblen Erwiderung* auf eine mögliche sowjetische Aggression und die UdSSR entwickelte das Konzept der *friedlichen Koexistenz* der politischen Systeme.

Die Zeit der Abrüstungsverhandlungen begann, und die harte Phase des Kalten Krieges flaute mehr und mehr ab.

1967 schlugen die Vertragsstaaten des Warschauer Paktes vor **eine Konferenz über Sicherheit und Zusammenarbeit in Europa (KSZE)** zu etablieren, die dann am 3. Juli 1973 unter Teilnahme der USA eröffnet wurde und mit der Unterzeichnung der Schlussakte von Helsinki am 1. August 1975 zum erfolgreichen Abschluss kam. Die Unverletzlichkeit der Grenzen, die Nichteinmischung in die inneren Angelegenheiten anderer Staaten, die Wahrung der Menschenrechte sowie die Grundfreiheiten wurden vereinbart.

Damit war die harte Phase des 1. Kalten Krieges praktisch zu Ende. Spätere Interessensgegensätze, die mit der Nach- und Aufrüstung, Rüstungsbegrenzungen usw. zu tun hatten, haben nicht mehr die aggressive Dimension der 50-er und 60-er Jahre erreicht, wenn man einmal von der Zuspitzung des Nato-Doppelbeschlusses aufgrund der Stationierung von SS 20 Raketen im Westen der UdSSR, Ende der 70-er, Anfang der 80-er Jahre, absieht.

Zusammenfassend kann gesagt werden, dass die Zeit der harten Phase des 1. Kalten Krieges, gekennzeichnet war durch den gewaltigen Zuwachs an politischem und militärischem und somit geopolitischem Gewicht zugunsten der Sowjetunion, zu der ihr natürlich die vorangegangene anglosächsisch-sowjetische Zusammenarbeit mit verhalf. Sehr früh war den Westmächten klar, dass diese Ausdehnung *eingedämmt* gehört. US-Präsident Truman entwickelte in der nach ihm benannten Doktrin eine *containment policy* die diesem Ziel näher kommen sollte. Dazu gehörte die enge Bindung Westeuropas an die USA, zu diesem Zweck wurde die Nato gegründet und eine politische, militärische, ökonomische und kulturell-ideologische engste

Zusammenarbeit aufgebaut, die unter dem Begriff **Transatlantismus** bekannt ist.

Die Ausdehnung der sowjetischen Machtbasis bis in das Herz Europas hinein und der Einfluss den sie bis nach Kuba und Afrika genoss, lässt das Phänomen des 1. Kalten Krieges zurecht **Ost-West-Konflikt**, mit der Betonung und Wortpositionierung **Ost** an erster Stelle, nennen.

***

Mit der Ära des sowjetischen KP-Generalsekretärs und späteren Präsidenten der UdSSR **Michail Gorbatschow**, eine Ära, die mit den Begriffen *„Perestroika und Glasnost"* populär wurde, brach eine völlig neue Zeit an, die in ihrer Bedeutung weit über die Erscheinungen des „Tauwetters" aus der Chruschtschow-Zeit oder die des Helsinki-Prozesses und der Rüstungs-begrenzungen hinausgeht, weil mit ihr das *Ende der kommunistischen Herrschaft* und somit das Ende der UdSSR eingeleitet wurde.

Oft wurde kolportiert, dass die sowjetische Perestroika eigentlich nur eine unmittelbare Folge der später eingestellten *Star-Wars Pläne (SDI)* von US-Präsident Ronald Reagan war, da angeblich die UdSSR weder technisch noch wirtschaftlich in der Lage gewesen sei, ein Wettrüsten im Weltall zu bestreiten. Diese Behauptung ist nicht plausibel, da einerseits die tatsäch-lichen technischen Resultate weit hinter den hochgesteckten amerikanischen Erwartungen zurückblieben, und das US-Parlament deshalb die bereit gestellten finanziellen Mittel recht bald zusammenstrich und andererseits die US- Pläne verschiedenen geltenden Abrüstungsverträgen widersprachen. Das wussten natürlich die Sowjets und hatten deshalb – nur wegen SDI – keinen Anlass zu panischen Lösungen.

Der Auslöser für die Perestroika war nachweislich die Erkenntnis, dass, nach *den Jahren der Breschnew-Stagnation*, Anstrengungen zu inneren Reformen unaufschiebbar waren. Offiziell und für das Ausland sichtbar, gab es diese Anstrengungen spätestens mit der Wahl *Jurij Wladimirowitsch Andropows* zum Generalsekretär des ZK der KPdSU im November 1982 der vorher, seit 1967, das KGB (Komitee für Staatssicherheit) leitete.

Eine Reihe westlicher Forschungsinstitute, Diplomaten, Wirtschaftsvertreter und Presse-Korrespondenten in den wichtigsten Hauptstädten des ehemaligen Warschauer Paktes kamen bald zum Resultat, dass hinter den Reformen eine auffallend hohe Zahl von, nennen wir sie einmal so, „Leuten des KGB", saßen.

Überlegungen zur Reformierung des politischen Systems der UdSSR hat es viel früher gegeben, als vielen Beobachtern im Westen – leider bis heute – bekannt ist.

So wurde schon 1962 *Fjodor Burlatsky* Leiter eines Gremiums von Experten, das für die Abteilung des ZK-Sekretariates für die sozialistischen Staaten arbeitete, deren verantwortlicher ZK-Sekretär seinerzeit *Andropow* war. Dieses Gremium erarbeitete Vorschläge, die in der Einführung von freien Wahlen, Schaffung eines Präsidentenamtes, in Gewaltenteilung und Rechtsstaatlichkeit mündeten. Burlatsky schrieb in seinem Buch „Krushchev and the First Russian Spring"[17] darüber, dass Andropow das Gremium „Aristokraten des Geistes" nannte.

Joachim von Arnim, der von 1982 bis 1984 und dann nochmals von 1989 bis 1991 in der politischen Abteilung der deutschen Botschaft in Moskau tätig war, zuletzt als Gesandter und Leiter der Abteilung, beschreibt in seinen 2012 im Bonner Bouvier Verlag erschienen Erinnerungen als langjähriger Diplomat, wie „[…] im Dezember 1964 Burlatsky Andropow ein *Memorandum zur Reform der Gesamtpolitik* vorlegt.

Die Vorschläge waren:

- Wirtschaftsreform
- Demokratisierung der Staatsverwaltung
- Trennung von Staats- und Parteifunktionen
- Wirtschaftliche Selbstverwaltung von Unternehmen und Regionen
- Scharfe Reduzierung der Rüstung insbesondere bei Raketen und Nuklearwaffen
- Ende der militärischen Konfrontation mit dem Westen
- Kürzung des Verteidigungshaushaltes
- Nutzung des Rüstungssektors für friedliche Produktion. […]"[18]

Andropow starb am 9. Februar 1984. Ihm folgte, allerdings nur für 13 Monate, der bereits 73-jährige und kränkelnde *Konstantin Ustinowitsch*

---

[17] New York, 1991
[18] s. Joachim von Arnim, „Zeitnot", S. 468, Bouvier Verlag 2012

Tschernenko, obwohl manche Beobachter bereits auf Gorbatschow als Nachfolger Andropows tippten, denn Gorbatschow stand unter eindeutiger Protektion Andropows. Noch als KGB-Chef sorgte Andropow, 1978, gegen den Widerstand der *sogenannten Breschnew-Clique*, die später mit dem Selbstmord *Zwiguns,* der Korruptionsaffäre um den Ehemann von *Breschnews Tochter Galina* ein Ende fand, dafür, dass Gorbatschow nach Moskau in das ZK gewählt wurde.

Einen Tag nach dem Tod Tschernenkos, am 11. März 1985, wurde Michail Sergejewitsch Gorbatschow an die Stelle gewählt, wohin ihn Andropow haben wollte: er wurde Generalsekretär der KPdSU.

Aleksander Jakowlew, einer der engsten Mitarbeiter **Michael Sergejewitsch Gorbatschows** übergab diesem dann bereits im Dezember 1985 ein Memorandum, das in wesentlichen Punkten an die „Vorarbeit" von Burlatsky erinnert: freie Wahlen, Trennung von Staats-und Parteifunktionen, selbstständige Unternehmen, Rechtsstaatlichkeit. Aber Jakowlews Memorandum ging weiter: es bezweifelte die tatsächliche gesellschaftliche Akzeptanz des *Marxismus sowjetischer Prägung* und neben der Selbstständigkeit von Unternehmen fordert es einen freien Kapitalmarkt.

Die Reformen begannen, und sie endeten mit dem Ende des Kommunismus, mit dem Ende der Einparteienherrschaft, mit dem Ende der Planwirtschaft und der Zensur in der UdSSR selbst, mit dem Rückzug der sowjetischen Truppen aus den sogenannten Ostblockstaaten, mit der Anerkenntnis der Existenz der geheimen Zusatzprotokolle des Hitler-Stalin oder Molotow-Ribbentrop-Paktes und der Wiederherstellung der Souveränität der baltischen Staaten, mit dem Fall des Eisernen Vorhanges und der Berliner Mauer, mit der deutschen Wiedervereinigung, allerdings auch mit dem Ende der UdSSR.

Die Initiative dieses gewaltigen Umbruches für den europäischen Kontinent, für die USA und ihre engsten Verbündeten auch außerhalb Europas, eine Erscheinung größten historischen Ausmaßes, *kam nicht* von der ominösen SDI-Initiative Ronald Reagans her, sondern es war eine große Anstrengung jener Personen, die in die Machtpositionen der UdSSR kamen und Jenes auf ein gesundes Maß zu revidieren suchten, was ihrer Meinung nach für die Erhaltung des Staates nötig war.

Faktisch nahm man das zurück, was im vorher Beschriebenen den Hauptkern des Ost-West-Konfliktes ausmachte, nämlich die enorme Ausdehnung der UdSSR nach Westen hin. Die UdSSR „schrumpfte" auf sich selbst zurück.

Dieser große historische Prozess, der erstaunlicherweise, bis auf die gewaltsamen und blutigen Ereignisse in Tiflis und Wilna, für die die Feinde dieses Prozesses verantwortlich zeichnen, friedlich verlief, ist beschämenderweise gegenüber Russland, dem Hauptland und Rechtsnachfolger der UdSSR seitens des Westens *nie entsprechend seinem Rang gewürdigt worden.*

Und es ist doppelt beschämend festzustellen, dass aus dem Ost-West-Konflikt, dessen Urwurzel doch immerhin im 2. Weltkrieg liegt, und dessen größtes Angriffsopfer die UdSSR war, nunmehr, nach dem freiwilligen, für viele unerwarteten und selbst gewählten Rückzug Russlands aus den aus der alliierten Zusammenarbeit des 2. Weltkrieges „gewonnenen" Gebieten, ohne eine vergleichbare Grundkatastrophe wie der 2. Weltkrieg, *schleichend*, ein **West-Ost-Konflikt** geworden ist.

Wir sind also in der Jetztzeit angekommen, im *„anschwellenden Bocksgesang" der NATO,* um ein Wort von Botho Strauß zu benutzen, wohl ahnend, dass Strauß andeutungsweise den Begriff des Bocksgesangs in der antiken altgriechischen *Tragödie* meinen könnte.

Nachdem sich vor einem Vierteljahrhundert der Warschauer Pakt selbst auflöste, und eine halbe Million Soldaten der sowjetischen Roten Armee nach Russland, bzw. in die sowjetischen Heimatrepubliken zurückkehrten, wurden seitens des Westens, *der sowjetischen, später der russischen Führung versprochen, die Sicherheitsinteressen Russlands zu wahren.* Um dieses in eine politische Form zu bringen, trafen sich im November 1990 die Staats- und Regierungsoberhäupter der Konferenz für Sicherheit und Zusammenarbeit in Europa (KSZE) in der französischen Hauptstadt, um eine **neue Friedens- und Sicherheitsordnung von Vancouver bis Wladiwostok** zu schaffen. Die Pariser **„Charta für ein neue Europa"** wurde von allen 35 anwesenden Staats- und Regierungschefs feierlich unterzeichnet.

Im Zeitraum um 1990 herum hat der Westen, unter Führung der USA, alles getan um gegenüber der UdSSR den Eindruck zu vermitteln, dass eine NATO- Mitgliedschaft ehemaliger Warschauer-Pakt-Staaten auszuschließen sei.

Einem lange geheim gehaltenen deutschen Vermerk nach sagte der deutsche Bundesaußenminister Genscher am 10. Februar 1990 zwischen 16 und 18 Uhr 30 zum sowjetischen Außenminister Schewardnadse:

„Uns sei bewusst, dass die Zugehörigkeit eines vereinten Deutschlands zur Nato komplizierte Fragen aufwerfe. Für uns stehe aber fest: Die Nato werde sich nicht nach Osten ausdehnen." Und da es um die DDR ging, fügte Genscher ausdrücklich hinzu: *„Was im Übrigen die Nichtausdehnung der Nato anbetreffe, so gelte dies ganz generell."*

Dem geheimen Vermerk nach *antwortete Schewardnadse, er glaube allen Worten des Bundesaußenministers.*[19]

Gorbatschow erinnerte die Nachwelt an die Aussage vom damaligen US-Außenminister James Baker die er am 9. Februar 1990 ihm gegenüber im Katharinensaal des Kreml abgab: *„ Das Bündnis werde seinen Einflussbereich nicht einen inch weiter nach Osten ausdehnen, falls die Sowjets der Nato-Mitgliedschaft eines geeinten Deutschlands zustimmten."*[20]

Doch was passierte wirklich?

Der Warschauer Pakt, das östliche Gegenstück zur NATO, stellte die militärischen Strukturen, nach dem Abzug sowjetischer Truppen aus Polen, der Tschechoslowakei und Ungarn, am 31. März 1991 ein und am 1. Juli desselben Jahres löste sich der Pakt selbst offiziell auf. Der Nachfolgestaat der UdSSR, Russland, brachte mehrfach zum Ausdruck, dass, als Antwort auf das Ende des Warschauer Paktes, nunmehr, längerfristig, auch eine Auflösung der NATO für folgerichtig gehalten werde.

---

[19] Der Spiegel Nr.48/2009
[20] Der Spiegel Nr.48/2009

Doch die USA und ihre, durch die NATO-Mitgliedschaft, Verbündeten, dachten nicht daran dieses anzustreben und erarbeiteten im Gegenteil *Strategien zu einer Neuausrichtung der Nato,* die letztlich, während eines Nato Gipfeltreffens, mit der **Erklärung von Madrid** am 8. und 9. Juli 1997 abgeschlossen wurde.

Vorher wurden Organisationsformen entwickelt, wie z.B.: *Partnerschaft für den Frieden* (1994). Russland wurde, neben den alten WP-Ländern, ehemaligen Sowjetrepubliken und den baltischen Staaten, Mitglied dieser Partnerschaft. Damit sollte Russland unter seinem – dem Westen eher wohlgesonnenem – **Präsidenten Jelzin** auf die Ratifizierung und Unterzeichnung der **NATO-Russland-Grundakte** vorbereitet werden. Diese wurde am 25. Mai 1997 in Paris von Boris Jelzin und den Nato Staats- und Regierungschefs unterzeichnet und ist als ein von der NATO angestrebter Grundstein für ihre Erweiterung anzusehen. Auf seiner Basis ist der **Nato-Russland-Rat** geschaffen worden, der neben gemeinsamer Rüstungskontrolle, den Verzicht auf Anwendung von Gewalt gegeneinander und gegenüber anderen Staaten, deren Souveränität und Selbstbestimmungsrecht man achte, als Absicht erklärt.

Mit der *Erklärung von Madrid* und der Nato-Russland-Grundakte in der Tasche, lud die Nato nunmehr drei ehemalige WP- Staaten: Polen, Tschechien und Ungarn ein, Mitglied zu werden. Das Ziel der „neuen" NATO, so hieß es nun, sei, „… die dynamische Partnerschaft zwischen **den europäischen und nordamerikanischen Verbündeten** zu stärken und eine Nato für ein „neues" Europa zu bilden …"

Der erste Schritt des Bruchs der Nichtausweitungsversprechungen gegenüber Russland wurde somit vollzogen.

Russland erlitt in dieser Zeit eine schwere Wirtschaftskrise, hatte vorher eine dramatische Verfassungskrise durchzustehen, die mit der gewaltsamen Besetzung des Parlamentsgebäudes endete. Vizepräsident *Ruzkoi* und Parlamentspräsident *Chasbulatow* stellten sich gegen Jelzin, warfen ihm Unfähigkeit und Korruption vor. 1996 zeigte eine Umfrage, dass nur mehr 4 Prozent der Wählerschaft Jelzin wiederwählen würde. Nur durch massive Wahlfälschungen und der millionenschweren finanziellen Wahlunterstützung durch die durch Jelzins Privatisierungsaktionen von vormaligen Staatsunternehmen groß gewordenen und vom Westen hofierten Oligarchen wie zum Beispiel Boris *Beresowski, Michail Chodorkowski, Wladimir Gussinski*, die bezeichnenderweise später alle ins westliche Exil gingen, wurde Jelzin wiedergewählt. „Der Westen" atmete auf, protestierte in keiner Weise auf die offensichtlichen Wahlfälschungen und einseitigen Hilfskampagnen durch jene Massenmedien, die in den Händen der Oligarchen waren.

Dieser „Westen", unter Führung der USA, befand sich seit der Auflösung der UdSSR und des Warschauer Paktes in einem eigentlich in dieser Plötzlichkeit unerwarteten Siegestaumel. Der US-Amerikaner japanischer Herkunft *Francis Fukuyama* ging sogar so weit, dass er „das Ende der Geschichte" proklamierte und meinte, das politische Systems des Westens, Parteiendemokratie und eine kapitalistische Wirtschaftsordnung, habe sich nun geschichtlich endgültig durchgesetzt. Seine Theorie lieferte eine wesentliche ideologische Grundlage für die US-Neocons.

1997, im Jahr der Einladung an drei ehemalige Warschauer Pakt Staaten der Nato beizutreten, erschienen auch die geopolitischen Strategie-

formulierungen „The Grand Chessboard", vom ehemaligen Sicherheits-
berater des „demokratischen" US-Präsidenten Carter und späteren Mit-
streiters des „republikanischen" Bush sen. Präsidenten, *Zbigniew Brzezinski*.
In einem Furor an Selbstbeweihräucherung der USA sah er die Vereinigten
Staaten als einzige Weltmacht an, der es gelte den eurasischen Kontinent
unter ihre Kontrolle zu halten und ein Aufkommen einer gegnerischen
Macht zu verhindern. In seinem Buch, zu Deutsch „Die einzige Weltmacht",
wimmelt es nur so von furiosen Feststellungen der militärischen Mächtigkeit
der USA, ohne darin allerdings adäquat über die bereits zu dieser Zeit schon
für Finanzfachleute sichtbar gewordenen immensen wirtschaftlichen
Probleme aufgrund der hohen Staats-und Privatverschuldung und des
Niedergangs der Mittelschicht der USA, einzugehen. Während der Präsi-
dentschaften von Reagan und Bush sen. *vervierfachte* sich beispielsweise die
Staatsverschuldung der USA.

Die Selbstauflösung der UdSSR wurde, entgegen vieler wirklicher Umstands-
faktoren, schlicht und einfach in einen Sieg der USA und des Westens über
den kommunistischen Osten umdekliniert. Und in diesem Geiste geschah
die 2. Osterweiterung der Nato. Im November 2002 lud man Estland,
Lettland, Litauen, die Slowakei und Slowenien sowie Bulgarien und
Rumänien ein, Nato Mitglieder zu werden. Am 29.3.2004 wurden die
Eintritte vollzogen. 2008 kamen noch Albanien und Kroatien dazu.

Erinnern wir uns: 1990 verspricht US-Außenminister James Baker
Gorbatschow, dass, bei einer sowjetischen Zustimmung der Aufnahme des
geeinten Deutschlands in die Nato, *sich diese **nicht einen inch** weiter nach
Osten ausdehnen werde.*

Dass Russland die permanenten Wortbrüche des Westens mit zunehmender Sorge hinnahm und sich mehr und mehr eingekreist fühlt, dürfte nur ein Ignorant aller vorhandenen Fakten verwerfen. Eine ganze Reihe bekannter amerikanischer Politiker und Intellektueller sprach sich gegen die Osterweiterung der Nato aus, unter ihnen der US-Botschafter in Moskau, John Matlock, Reagans Abrüstungsexperte Paul Nitze, der frühere US Verteidigungsminister McNamara, Admiral Stansfield Turner, Direktor der CIA unter Jimmy Carter und der bekannte Historiker und US-Diplomat George F. Kennan, der *die Osterweiterung der Nato als den verhängnisvollsten Fehler der amerikanischen Politik in der Ära nach dem Kalten Krieg nannte und prophezeite, dass dieser Fehler den Kalten Krieg wiederherstellen könnte und die russische Außenpolitik in Richtungen zwingen könnte, die der Nato entschieden missfallen werden.*

Wie recht er doch hat!

Die Herstellung des blutigen Konfliktes in der Ukraine begann im Ursprung unabweisbar mit den US-finanzierten Demonstrationen auf dem Kiewer Maidan. Erinnern wir uns, Frau Nuland, im US-Außenministerium zuständig für Europa und Eurasien, bezifferte die Finanzierungssumme US-abhängiger NGO's in der Ukraine auf 5 Milliarden US-Dollar und wer will bezweifeln, dass diese NGO's proamerikanische Ziele verfolgten? Die Ukraine sollte schleunigst einen Assoziierungsvertrag mit der transatlantisch beherrschten EU unterschreiben, nach einer Übergangszeit der Anpassung ihr Mitglied werden und als letzten Schritt der Nato beitreten. Ganz nach dem Szenario der US-Neocons und Brezinskis geopolitischen Strategien. Frau Nuland, deren Großeltern Meyer und Vitsche Nudelman aus dem bessarabischen Teil der Ukraine stammen, ist mit dem Historiker Robert Kagan verheiratet, der einer der Vordenker der Neocons ist.

Das Ziel ging nicht auf, der ukrainische Präsident *Wiktor Janukowitsch* gelangte nach längerem Zögern zur Ansicht, dass der Assoziierungsvertrag mit der EU nicht den Interessen des Landes entspreche, weil allein die Anpassung an die technischen Standards der EU die Ukraine in den kommenden 10 Jahren 165 Milliarden Euros kosten werde und die EU für die Unterzeichnung des Abkommens lediglich einen Kredit von 1 Milliarde Euros anböten. Janukowitsch tendierte eher zu einer engeren wirtschaftlichen Zusammenarbeit mit Russland, das der Ukraine dafür einen höchst willkommenen Kredit in Höhe von 15 Milliarden Dollar versprach.

Wiktor Janukowitsch wurde durch die US und EU-gelenkte Maidanbewegung regelrecht weggeputscht, eine Beschreibung die völlig passt, denn nicht einmal das in der ukrainischen Verfassung vorgesehene Amtsenthebungsverfahren wurde eingehalten.

Mit dieser geplanten und herbeigeführten Entwicklung schafften die USA, die Nato und die von ihr offensichtlich völlig abhängige EU die *Wiederherstellung des Kalten Krieges*.

Es ist der 2. Kalte Krieg, der, so kann man sagen, *offiziell* mit der *Erklärung der Europäischen Kommission*, dieser von den EU Bürgern nicht gewählten Institution, die Enthebung Janukowitsch anzuerkennen, am 24. Februar 2014 begann und insofern ist er im Unterschied zum 1.Kalten Krieg kein *Ost-West-Konflikt,* sondern *ein West-Ost-Konflikt.*

Ein Konflikt, der *transatlantisch* inspiriert wurde und seine Ursprungs-nteressen in den USA verortet und den kontinentaleuropäischen Nationen und Staaten in keiner Weise nützlich ist. Die Initiative für Sanktionen gegen Russland kam aus den USA, und wird sie wirtschaftlich am wenigsten treffen. Europa soll leiden, sagte laut Joe Biden der Präsident der USA. Eine Reihe von EU-Ländern reagierte erst auf „Drohungen" aus Washington, um von den symbolischen Sanktionen gegen ein paar Dutzend russischer Führungskräfte auf stärkere Maßnahmen umzuschalten. Ist das ein Zeichen europäischer Souveränität und Verteidigung eigener, offensichtlicher, Interessen? Die Verluste für die europäische und die russische Wirtschaft werden schmerzhaft sein, die politischen Beziehungen zwischen so wichtigen Ländern wie zum Beispiel Deutschland und Russland werden, gelinde gesagt, erheblich gestört, wobei es sehr zweifelhaft ist, ob die betroffenen Völker diese Verschlechterung überhaupt wollen. Billigen müssen sie es allerdings. Das ist kein normaler Zustand und zeigt nur einmal mehr, dass der Transatlantismus zu einer immer schmaler werdenden politischen „Elitereligion" verkommen ist und die Europäer sich endlich auf ihre eigenen Interessen besinnen sollten.